历史四季

变革与复兴

秋之卷

冯敏飞 著

图书在版编目（CIP）数据

变革与复兴：揭示9个中兴的奥秘/冯敏飞著.--北京：新世界出版社，2024.4
（历史四季；3）
ISBN 978-7-5104-7868-0

Ⅰ.①变… Ⅱ.①冯… Ⅲ.①中国历史－古代史－研究 Ⅳ.①K220.7

中国国家版本馆CIP数据核字(2024)第024693号

变革与复兴：揭示9个中兴的奥秘

作　　者：	冯敏飞
责任编辑：	张晓翠
责任校对：	宣　慧　张杰楠
责任印制：	王宝根
出　　版：	新世界出版社
网　　址：	http://www.nwp.com.cn
社　　址：	北京西城区百万庄大街24号（100037）
发 行 部：	(010)6899 5968　(010)6899 8705（传真）
总 编 室：	(010)6899 5424　(010)6832 6679（传真）
版 权 部：	+8610 6899 6306（电话）　nwpcd@sina.com（电邮）
印　　刷：	天津旭非印刷有限公司
经　　销：	新华书店
开　　本：	880mm×1230mm　1/32　尺寸：145mm×210mm
字　　数：	152千字　　印张：6.125
版　　次：	2024年4月第1版　2024年4月第1次印刷
书　　号：	ISBN 978-7-5104-7868-0
定　　价：	38.00元

版权所有，侵权必究
凡购本社图书，如有缺页、倒页、脱页等印装错误，可随时退换。
客服电话：（010）6899 8638

目录

开篇语　**每朝之末或许都有另一种可能**　…001
　　　　"王道衰而有能复兴者"　…001
　　　　先秦时期的中兴　…003

第一章　**昭宣中兴**　…015
　　　　来龙：汉武帝的"狂悖"　…015
　　　　最大看点：化敌为亲　…017
　　　　去脉：乱汉者果然太子也　…024

第二章　**孝文中兴**　…029
　　　　来龙：政变频频　…029
　　　　最大看点：政治、经济与民俗大改革　…030
　　　　去脉："成也儒教，败也儒教"　…038

第三章　元和中兴　…043

来龙：军阀与太监架空皇权　…043

最大看点：中央权威重树　…047

去脉：藩镇重回半独立状态　…055

第四章　会昌中兴　…062

来龙：皇帝勇敢地玩乐　…062

最大看点：整治官场　…068

去脉：皇上忙着修仙去了　…072

第五章　大中中兴　…079

来龙：二虎不能共一山　…079

最大看点：加强官吏队伍建设　…083

去脉：皇上可能出家去了　…089

第六章　景圣中兴　…093

来龙：变态皇帝的折腾　…093

最大看点：冤家变亲家　…095

去脉：同室操戈无休止　…104

第七章　弘治中兴　…110
来龙：私法、私田与私售官　…110
最大看点：收复哈密　…113
去脉：皇上的180度之变　…117

第八章　万历中兴　…121
来龙：盛世的水分　…121
最大看点：张居正大改革　…123
去脉：皇帝也贪钱　…135

第九章　同光中兴　…144
来龙："嘉道中衰"　…144
最大看点："洋务运动"　…147
去脉：中日甲午战争　…151

小　结　超越中兴　…155
中兴的秘诀　…156
经验与教训　…163
深化与超越　…180

开篇语
每朝之末或许都有另一种可能

"王道衰而有能复兴者"

不止一个王朝覆灭之前都成功地救亡过。西周之初王族管叔鲜等势力叛乱,摄政的周公成功平叛,并开创盛世;西汉之初有"七王之乱",刘恒也成功地平息,开创盛世;北宋之初辽军逼近都城开封,赵恒挡住了,转战为和,也开创盛世;……如果不积极作为,勇于并善于化险为夷,那时候就非常可能是他们的末世,而根本没有上百年后幽王、刘欣及赵佶之辈亡国的机会!成功救亡并开创新的盛世,显然比失败而覆亡更值得探究。

一个王朝不但成功地挽救覆灭的危机,死里逃生,化险为夷,而且开创新的盛世,史称"中兴",又称"复兴",指国家由衰退而复兴,中途振兴,转衰为盛。南宋王观国《学林》解释:

> 中兴者,在一世之间,因王道衰而有能复兴者,斯谓之中兴。

请注意这里有两个前提：一是"一世之间"，隔朝代就不算了；二是"王道衰"，如果前一任或几任帝王政绩不"衰"，那一般也不称中兴，而该称"之治"或"盛世"。《辞海》则简洁地注释为"复兴"两个字。

中兴的反义词是"中衰"。历史上诸多中兴之誉，也有"嘉道中衰"之怨。

"孝宗中兴"一身二任，既有人用以指南宋孝宗赵眘时期，也用以指明朝孝宗朱祐樘时期。赵眘时期又称"乾淳之治"，朱祐樘时期又称"弘治中兴"，再说"乾淳之治"紧接的是"建炎中兴"，与衰而复兴的定义不符，为避免混淆，就不采用"孝宗中兴"之说了。

中兴在唐朝似乎特别时髦。历史学博士胡平称："'中兴'无疑是整个中唐政治中最为引人注目的核心议题，也是我们理解中唐政治的基础。"[1]但显然有过滥之嫌。"神龙"是武则天的年号之一，705年正月启用，但当月中宗李旦夺权，继续使用这一年号，有人将此与"光武中兴"媲美，称"神龙中兴"，赞扬李旦恢复了大唐国号及李氏统治，但晚唐便有人反对，认为"凡非我失之，自我复之，谓之中兴"[2]，而李旦则"自我失之，因人复之"[3]，"盖同于反正，恐不得号为中兴之君"[4]。肃宗李亨夺位后以"孝莫大于继德，功莫盛于中兴"为口号，有的将领也被誉为"中兴之猛将"，还有文人作文《大唐中兴颂》，因此有"至德中兴"之说（"至德"为年号），或"肃宗中兴"，可是李亨连"安史

---

[1] 胡平：《未完成的中兴：中唐前期的长安政局》，商务印书馆2018年版。
[2] 《旧唐书》卷25，"凡非我失之，自我复之，谓之中兴。"（本书二十四史所用版本为中华书局1999年版。）
[3] 《旧唐书》卷25，"自我失之，因人复之"，"盖同于反正，恐不得号为中兴之君"。
[4] 《旧唐书》卷10，本纪10，"孝莫大于继德，功莫盛于中兴。"

之乱"也没能完全平息,显然是"未完成的中兴"。此外,唐末昭宗李晔也被颂为"圣祚中兴",甚至亡国之君哀帝李柷也曾被颂为"国祚中兴"。显然,这些中兴没有重点考察的意义。

这样,我梳理中国历史上共15个中兴,其中帝制时代11个。

先秦时期的中兴

一、少康中兴

"尧舜盛世"之后,"公天下"变"家天下",夏王姒启又将位传给自己的儿子太康。没想到,太康太不争气,不是自己争取来的江山一点儿也不珍惜。他为父王发扬光大的是游猎,"不恤民事",民怨沸腾。有一次一走就3个多月,忘乎所以到了黄河以南。有穷氏部落(位于今山东省德州市)趁机反叛,夺取夏的都城。关于夏都位置,说法较多,姑且认为阳城(今河南登封)。当太康高高兴兴带着猎物回到洛水边的时候,有穷氏重兵阻拦,不让他回都城。太康无奈,只好在阳夏(今河南太康)筑城驻下。这时,距太康继位仅2年。太康的5个弟弟陪着母亲在洛水南岸等待他回来,苦苦盼了20余年,直到太康死也没能再见面。

"后羿"这个名字我们都不陌生。不过,至少有两个后羿,我们熟知的是前一个,即神话传说中美女嫦娥的丈夫、射日英雄。再一个后羿是夏朝时候东夷族有穷氏的首领,也是个射术高超的英雄。姒太康有国难回,就是这个后羿及其族人造成的。想必"家天下"的观念当时已经普及,所以后羿抢了太康的权,却不敢自己称王。20多年后,太康死,后羿仍然不敢坐姒姓的帝位,便扶持太康的弟弟姒仲康做傀儡。这种事,以后历史上常看到。姒仲康在位13年死,后羿又让他的儿子姒相继位。然而,这后羿造反只不过是为了特权享乐,《左传》说他"恃其射也,不修民事而淫于原兽"。为了有更多时间和精力游猎,他将政事全委托大臣寒浞。寒浞是寒国(今山东潍坊一带)人,从小娇生惯养,胡作非为。寒浞可不信"家天下"那一套,自立为王,改国号为寒。

寒浞攻占夏都时,流血有声,他以为把夏王的子孙斩尽杀绝了。没想到,夏王相一个怀孕的妃子从城墙的水洞里爬出,逃回娘家有仍(今山东济宁),生下遗腹子,取名少康。

少康有志气,长大后当主管畜牧的小官。不料走漏消息,寒浞立刻派长子寒浇率军追捕。少康逃往有虞(今河南虞城),因祸得福,被国君虞思招为女婿。虞思对这女婿越看越欢喜,把城邑赐给他,赏良田10顷,士兵500名。少康广交天下勇士,决心复国。

少康的力量毕竟有限,难于匹敌。于是,他让一个名叫"女艾"的美丽女仆,乔装打扮打入寒浞宫中,不断送回情报。《楚辞》描写:少康袭击寒浇,寒浇躲得很隐蔽,身披坚甲,以为万无一失。少康根据女艾的情报找到他,在田间放犬追逐,杀了寒浇,割下他的头。据说女艾是中国历史上第一位女间谍,也是世界上最早有记载的女间谍。她对少康击败寒浞,显然发挥了重要的作用。

这时,寒浞年近80岁,只能躲在深宫里。他的部下见大势已去,纷纷反叛。寒浞想自杀来不及,被光着屁股拉出来,凌迟至死。寒浞另一个儿子豷则被剁成肉酱。于是,少康重建夏朝"家天下"。

少康在母亲肚子里死里逃生,夏朝则在少康手上死里逃生。台湾东吴大学教授姚大中认为:"实质而言,夏朝的'朝代'意义,便须至少康才堪称建立，其统治也才堪称稳固。"①

少康在位21年。那么，他的中兴是番怎样的景象？很遗憾，史籍没什么记载，几如一片空白。为什么只在乎少康复国，而不在乎他治国？是忽略，还是不堪目睹？

"少康中兴"后历史沉寂了200余年。然而，柏杨说："似少康的故事，在中国流传不衰。尤其当一个政府受到严重打击，失去大量疆土，岌岌可危时，一定会强调这个故事，用以鼓励士气和增加信心。"②这次中兴的意义在此。

从此形成一个传统：江山是谁家的就是谁家的，弄丢了，捡回来还得还给谁家。后来历史无数次强调了这一点。整个帝制时代及以前几千年的历史上，生产资料及百姓常常被"公有"，国家权力却始终被私有。

二、盘庚中兴

在夏朝日益衰弱的同时，商部落迅速发展壮大。汤元年（前1766年），商部落首领汤兴兵伐夏，战前隆重誓师，控诉夏桀盘剥压迫人民的罪行，声明自己是秉承天意征伐，拯救人民于水火之中。商人士气大振，一举推翻夏王朝。然后在西亳（今河南偃师）召开"景亳之命"大会，取得3000诸侯拥戴，汤成为天下新主。

据说汤长命百岁，长子太丁比他早死，只好选太丁的儿子太甲继位。太甲也太不争气，把朝政弄得乱七八糟。顾命大臣伊尹看不过意，将他幽禁3年，闭门思过，等他认识到错误才恢复他的王位。为此留

---

① 姚大中：《姚著中国史》卷1，华夏出版社2017年版。
② 柏杨：《中国人史纲》上册，同心出版社2005年版。

下一条成语"伊霍之事",伊指的就是伊尹,霍指西汉的霍光。他们辅政摄政,虽然没篡位,但是权倾朝野,让很多大臣不安。不过效果不错,太甲脱胎换骨,推行德政,"诸侯咸归殷,百姓以宁",有点盛世的样子。可是,太甲死后,其子沃丁继位,伊尹去世,国力中衰。沃丁去世,其弟太庚继位,国势没起色。太庚之子太戊,任用一批能臣,国家恢复元气。他在位75年,其子仲丁继位。这时,东南方的夷族兴起,并向商朝发起挑战。仲丁虽然将外敌击退,自身也被重创。仲丁死后,他的兄弟们争夺王位,谁势力大谁即位,一乱百余年。

据说,现代生意人称"商人"就由远古的商民族演化而来。他们最早的祖先外出洗澡时看到一枚玄鸟蛋,吞食后怀孕生子。①"玄鸟"古人称燕子。燕子春来冬去,居无定所,或树洞、树缝营巢,或沙岸钻穴,或衔泥粘在楼道、房顶、屋檐等之上筑巢,年复一年忙活。他们以鸟为图腾,殊不料这成为他们命运的征兆。

商朝国都最早在亳邑(今山东曹县)。后来,由于九世之乱,不得不一次次迁都。仲丁时迁于隞(今河南郑州),河亶甲迁于相(今河南内黄),祖乙迁于庇(今山东鱼台),此外还有学者说曾迁都于嚣(今河南郑州西北)、邢(今河北邢台)、奄(今山东曲阜)等地。商朝400余年,有记载的迁都多达14次。《古中国简史》主编许海山说:

> 我们若在地图上把仲丁到盘庚间的几次迁都路线描绘出来,就很容易看出,商人这几次迁徙,是从西逐渐向东转移的。这与成汤由东向西的迁徙却正好是方向相反,这实际上是商人势力从西方

---

① 《史记》卷3,殷本纪,中华书局1999年版,"三人行浴,见玄鸟堕其卵,简狄取吞之,因孕生契。"

向东方后退。①

商王朝的统治者当时很可能不是这样认为,但他们无疑认识到这样迁都的危害。因此,盘庚上台后,决心改变这种传统。

盘庚认为,商王朝经过九王百来年的折腾,处于如同"颠木"(倒地行将腐烂的大树)的危险境地。他提出的对策仍然是迁都,只是方向要从奄迁到"殷",即今河南安阳西面的小屯村,目的是"绍复先王之大业,底绥四方"。他说迁殷有三大好处:"一是殷地肥沃,有利于发展生产,改善人民生活;二是一切从头做起,抑制王室、贵族的既得利益,缓和社会矛盾;三是距东部叛乱势力远些,有利于国家稳定。"②因为迁都要影响王室、贵族的切身利益,他们不愿迁,有的甚至煽动平民闹事。

面对强大的反对势力,盘庚强调"非敢违卜",即不敢违背"天命"。他撰文3篇,大讲"天命"和先王遗命,并将反对迁都的贵族找来,苦口婆心劝说:"迁都是为了国家安定。你们不理解我的苦心,导致朝野恐慌,这是大错!你们休想改变我的主意!"同时发出严厉警告:"对那些奸诈邪恶的人,我要斩尽杀绝,绝不让他们在新都蔓延滋长!"

由于盘庚强硬坚持,反对势力只得让步。迁都之后,有些人不适应,纷纷想回老家,有些贵族趁机煽动迁回。盘庚又发表一篇训话,重申"无有远迩,用罪伐厥死,用德彰厥善",即不管与商王血缘远近,犯罪就处死,立功便封赏。这样软硬兼施,迁都大业总算完成,国家也

---

① 许海山:《古中国简史》,中国言实出版社2006年版。
② 《尚书·盘庚上》。

开篇语 | **每朝之末或许都有另一种可能**

逐渐安定下来。

盘庚迁都之后,"行汤之政,然后百姓由宁,殷道复兴。诸侯来朝,以其遵成汤之德也"①。《中国政治制度史》认为,商朝与北非的埃及、两河流域的亚述等国,是当时世界基本同时存在的几个文明大国,且"亚述由城邦共和国制到君主专制帝国的转变,时间也大致相当中国商代盘庚迁都前后"②。

从此,商都稳定在殷城,以后200多年没再迁。因此,商朝又称"殷商"或"殷朝"。近代在安阳小屯村一带发掘出大量文物,证明那曾是商都遗址,称"殷墟"。

盘庚死后,他的弟弟小辛继位。小辛放弃盘庚的治国之策,商朝国运又衰落。他在位时间有的说3年,有的说21年,还有的说50年,详情几如空白。

三、武丁中兴

小辛死后由其弟小乙继位。小乙在位10年,死后由其子武丁继位。小乙在位期间政绩如何,无考。

小乙显然没什么政绩,不过他培养了一个好太子武丁。他让武丁小时候"久劳于外",生活于平民之中,知稼穑之艰难,而不至于说没饭吃就喝肉粥的胡话。

武丁与一般"新官上任三把火"不同,继位后"三年不鸣"。有人说他为父丧守孝,其实在深谋远虑,求贤若渴。有天武丁梦见圣人,身穿红衣。醒来后,他命人画出这梦中之人,然后命官员到各地去寻。

---

① 《史记》卷3,殷纪,1册。
② 白钢:《中国政治制度史》上册,天津人民出版社2016年版。

结果找到一个叫傅说的人,正在工地筑墙。苦役会是治国能臣吗?武丁自己也生疑,便微服私访,到工地跟傅说一边搬砖块,一边畅谈治国之道,发现他果然有真知灼见。那么,该怎样让朝中大臣也相信呢?武丁说是根据先帝托梦找到的人才,没人敢反对,便破格提拔傅说为宰相。[1]

除了傅说,还有如甘盘,也称"师般",受小乙遗命辅政,武丁礼聘为相,是唯一既见于卜辞又见于文献记载的大臣。再如祖己,又名"孝己"等,武丁长子,祖庚之兄。一次祭祀成汤的时候,忽然有一只孔雀飞到鼎的耳上鸣叫,武丁觉得是不祥之兆,祖己则趁此机会进谏父王勿忧,先修政事。这就是"孔雀鸣鼎"典故的来源。他有孝名,每晚要起床5次看父母是否睡得好。但他生母早逝,继母不喜欢他,给他父亲吹了不少"枕边风"。武丁索性将他流放,借以考察民情。不想他经受不住艰苦考验,忧愤而终,武丁痛心不已。

更令人惊叹的是还有女才。武丁60位妻子,其中一位叫"妇好"。甲骨文中有关妇好的记载达200多条。1976年在安阳小屯西发掘妇好的墓,被列为当年全国十大考古成果之一,也是唯一保存完整的商代王室成员墓葬。墓主人身份清楚,没有失盗。共出土随葬物品1928件,其中青铜器440多件,玉器590多件,骨器560多件,还有石器、象牙制品、陶器及贝壳。在大量青铜器中,多件上铸有"妇好"的铭文,其中有一件"钺"。古代的斧钺主要用于治军,是军事统率权即王权的象征。据记载,妇好曾多次率军征伐土方、羌方、巴方等。征羌方那场规模最大的战争,就是她统兵,是迄今所见商代用兵最多一次。在对巴方

---

[1] 《史记》卷3,殷本纪,"武丁夜梦得圣人,名曰说。以梦所见视群臣百吏,皆非也。于是乃使百工营求于野,得说于傅险中……"

作战中，妇好领兵布阵设伏，断敌退路，等待武丁击溃敌军，逐入埋伏圈，予以全歼。这是中国战争史上记载最早的伏击战，妇好也被称为中国最早的女政治家和军事家，中国历史上第一位有据可查的女英雄。此外，从出土的器物看，妇好是一位有着较高职权的王后，也是执掌神权的"巫"，经常主持祭天、祭先祖、祭神泉等各类祭典，又任占卜之官。《左传》说："国之大事，在祀与戎。"妇好同时职掌祀与戎，可见她的地位多么重要。

武丁共有 10 位贤臣。在众多贤臣的辅佐下，政治、经济、文化和军事诸方面推出一系列新政，国家很快复兴。针对外部的威胁，武丁率军出击。

土方：在今山西、陕西至内蒙古以北地区，距商王畿较近。当时，土方经常侵掠商地。卜辞记载有一段时间土方入侵，5 日报告多起，可见敌情之急。武丁多次亲征，率兵少则 3000，多则 5000。结果，土方首领被杀，其地归商。后来，武丁经常到那儿去视察，卜辞称"王省土方。"

鬼方：又称"易国""赤狄""丁零"等名，比土方更北，是后来匈奴的祖先。武丁讨伐鬼方，激战 3 年才取胜，鬼方远逃而走。据传鬼方迁到了南西伯利亚东起贝加尔湖、西至巴尔喀什湖一带。

羌方：位于西部，地广人众，十分强大。卜辞记载，武丁对羌方的战争一次就调动 1.3 万人，被俘羌人有的被强制生产劳动，有的作为祭祀中敬献给神灵的牺牲品。

武丁通过战争拓展了商朝版图和势力范围，西起今甘肃，东至海滨，北及大漠，南逾江汉流域，成为包含众多部族的泱泱大国，实际上奠定了秦始皇之前华夏族的大体疆域。《诗经》颂扬武丁多么威武，奋力讨伐那南方的楚国，深入它险阻的内地，将其民俘虏，占领其领土。[①]这表明，武丁时期商朝势力已达到南方的荆楚之地。

武丁每次征服后，在那里筑城邑，实行最直接也最有效的统治。为此，武丁把自己的妻、子、功臣及臣服的异族首领分封在外地，称为侯或伯，开分封制先河。这是商朝的极盛时期，也有人称"武丁盛世"。

武丁在位59年去世，由其子祖庚继位。祖庚在位11年，政绩不详。其弟祖甲在位33年，初期尚能"爱知小人之依，能保惠于庶民，不敢侮鳏寡"[②]，末年则"重作汤刑"[③]，且淫乱，国势又衰退。

四、宣王中兴

西周共传13代，其中第十代姬胡，谥号"厉王"，意指暴虐，是中国历史上为数不多被冠以此号的帝王之一——并不是中国历史上暴君少，而是因为谥号系其后人加封，为尊者讳。不过，也有学者认为厉王被污名化。

周厉王三十七年（公元前841年），中国历史从此开始有不间断的文字记录，从半信史时代步入信史时代。那么，这第一页中国历史新记录记下了什么？记下的是件惊天动地的大事："国人"不满到极点，群情激奋，团结起来将厉王赶跑。当时，国都城内的人称"国人"，城外的称"野人"或"鄙人"。"国人"中有贵族，也有平民，包括百工、商贾及下层奴隶。这一事件史称"国人暴动"或"国人起义"。因为厉

---

① 《诗经·殷武》："挞彼殷武，奋伐荆楚，深入其阻，裒荆之旅。有截其所，汤孙之绪。"
② 《尚书·无逸》。
③ 《尚书·无逸》。

王被从国都镐京（今陕西西安长安区）驱逐到一个养猪的地方（今山西霍县）去，所以又被称为"彘之乱"。当时的"国人"比较文明，只是将暴君赶走了事，没有追杀。大臣们推举召虎、周定公两人共同行政，号为"共和"，史称"共和政治"。

14年后，厉王在彘死了，召虎公开一个惊人的秘密：当年"国人"围攻王宫时，他把幼小的太子静藏在家里，让人们杀的是他自己的儿子。现在，他和周定公主动还政，拥立长大成人的太子静，即周宣王，共和结束。这14年虽然有不间断的文字历史，但没记下什么大好事，也没记什么大坏事，挺平静。这个传奇故事，跟少康遗腹子逃亡有几分相似。

宣王的王位来之不易，但他并不珍惜，沉湎后宫，疏于朝政。幸好他有个好妻子姜氏。风水轮流转，两汉时期美女多出窦家，两周时期美女多出姜家，《诗经》当中有几位姜姓美女。所以，我们有理由想象周宣王这位姜氏也是美丽的，他沉湎后宫是可以理解的。出乎意料的是这姜氏深明大义，主动摘掉耳环簪子请罪，说她让宣王起了淫逸之心，必然导致铺张浪费，进而天下大乱。宣王听后大为感动，从此勤于朝政，给中华文化留下一个"姜后脱簪"的典故。

宣王重用召虎、周定公、尹吉甫等贤臣，效法成王、康王的历史经验，针对其父的弊政实行改革。

首先是广开言路，虚心听取各方面意见，警告官员不要荒怠政事，不要壅塞庶民，不要中饱私囊，不要欺负鳏公寡妇，不能酗酒闹事。1843年，陕西岐山出土一口鼎，西周晚期的重器，文字作者为"毛公"，因名"毛公鼎"。鼎内壁铸有铭文32行，近500字，是现存青铜器铭文中最长的一篇。其内容叙事完整，学者称抵得一篇《尚书》，是研究西周晚年政治史的重要史料。铭文大意是：百官对外发布政令，制定各种徭役赋税，不管错对，都称颂朕英明，这样恭维可能导致亡国啊！从今以后，没有事先请示你（父歆），谁也不能对外胡乱发布政令！[①]由此可见宣王明智得很，不专断。铭文书法还堪称西周晚期金文的典范。毛公鼎1949年迁台后，成为台北"故宫"的镇馆之宝，属永不更换的展品。

其次，"不藉千亩"。以前每年春耕时，天子举行"藉田礼"。因为集体耕种公田之法难以继续，藉田礼名存实亡，于是宣王废除此礼，放宽对山林川泽的控制，调动人们的生产积极性。

就这样，国内形势很快开始转好，诸侯重又来朝，周室威信有所恢复，军力壮大。周初，西北部的戎狄渐渐发展壮大，从此"戎狄交侵，暴虐中国。中国被其苦……"[②]周王曾经被迫迁都到犬丘（今陕西西安），也曾兴师北伐但失败。宣王安内后，即努力解除外部威胁。

伐西夷：周宣王静四年（前824年）开始大规模反击戎人，尹吉甫率师进攻至今甘肃镇原一带，迫使其向西北退去。同时对其发动征战，令他们不再敢进犯。

征淮夷：周宣王静二年（前826年）命召虎等率军出征，沿淮水东行，迫使那一带方国中最强大的徐国（今江苏泗洪一带）臣服。各方国迎接王命，进献贡物。

讨南国：征讨申戎（位于今陕西、山西间）、条戎（位于今山西运城中条山北）等，但只有征申戎取胜，其余失败。

---

① 《毛公鼎》："余之庶出，入事于外，专命专政，蓺小大楚赋，无唯正闻，引其唯王智，廼唯是丧我国，历自今，出入专命于外，厥非先告歆，父歆舍命，毋又敢专命于外。"
② 《汉书》卷94上，匈奴传上，6册。

殊不知"姜后脱簪"的作用有限。也许是红颜易老之故，姜后魅力不再，甚至红颜薄命，总之周宣王的"妻管严"很快痊愈。他又变得深居宫中，贪图享乐。同时，他变得过于好战，后继乏力。前789年伐姜戎，军力几乎丧失殆尽，他本人也差点被俘。他不注重生产，却要"料民"即调查人丁户口以加强税赋。兵役和徭役过于沉重，农奴纷纷逃跑，不少田地成草场。他逼迫鲁国废长立幼，不服就出兵讨伐，不仅使鲁国陷于混乱，还让"诸侯从是而不睦"①。诸侯不再肯出力保卫王室，有的甚至蓄谋叛乱。他本人晚年就重现危机，贵族感到不妙，用脚投票。司马迁在评论楚国兴亡时感叹说：

  国之将兴，必有祯祥，君子用而小人退。国之将亡，贤人隐，乱臣贵。②

  太史公此论当否，此后两千多年的历史多有证。所以，"宣王中兴"颇有争议。

---

① 《国语·穆仲论鲁侯孝》。
② 《史记》卷50，楚元王世家。

第一章
昭宣中兴

提要

汉昭帝刘弗陵、宣帝刘询时期（前86—前49年），在大臣霍光辅佐下，平定西域，缓和社会矛盾，儒法兼备，民生经济发展。

霍光虽然功勋卓著，也恪守本分，但身后被家属坑了。周公是可疑的，霍光是可信的。赵匡胤等人真真切切将人家孤儿寡母的天下篡了，有几人骂？史上不公之事太多了！

来龙：汉武帝的"狂悖"

刘彻创造了"汉武盛世"，却也给国家和皇室造成了深重的灾难。曾有大臣描述当时："赤地数千里，或人民相食。"[①] 所幸刘彻晚年认识

---

① 《汉书》卷75，眭两夏侯京翼李传，6册。

到罪过，深刻检讨自己"即位以来，所为狂悖，使天下愁苦"①，脱胎换骨，刘氏江山虽"免亡秦之祸"，但刘氏宗室人死不能复生。剩下4个皇子：一是燕刺王刘旦，博学经书杂说，好星历数术倡优射猎。刘据死后，他很有希望成为太子，可是操之过急，上书请求入京师，激怒刘彻，反被压制。二是广陵王刘胥，为人骄奢，好倡乐逸游。三是昌邑王刘髆，李夫人之子，李广利外甥。李广利和刘彻侄儿刘屈氂策划谋刘髆为太子，事发后李广利还投奔匈奴，刘屈氂被腰斩。前88年即刘彻去世前一年，刘髆去世。四是最小的儿子刘弗陵，据说极像刘彻少年之时。

问题是刘弗陵年仅8岁。为此，刘彻双管齐下，一方面为防止自己死后主少母壮，吕后之事重演，将刘弗陵生母赵钩弋赐死，使赵氏没有亲人可以成为外戚；另一方面命画工画一幅周公背负周成王的图，赐予霍光，其意昭然若揭。霍光是刘彻的奉车都尉，"出则奉车，入侍左右"，用现代话来说是驾驶员兼秘书，深受刘彻信赖。同时，还委托其他一些官员共同辅佐，如车骑将军金日磾、左将军上官桀、御史大夫桑弘羊等。史称"帝年八岁，政事壹决于光"②。

元平元年（前74年），刘弗陵21岁年纪轻轻病死，而刘弗陵没儿子，汉室又面临选继承人的难题。本来也不太难，可选昌邑王刘髆的儿子刘贺，即刘彻亲孙子，根正。然而，刘贺太不争气，进京继位途中忍不住派人抢掠民间美女和财产。史载，他当皇帝27天，干了1127件荒唐事，平均每天40件。霍光忍无可忍，与大臣们商议，奏请太后同意，将刘贺即汉废帝给废了，改立刘彻唯一的曾孙刘询（刘病已），即

---

① 司马光：《资治通鉴》卷22，汉武帝征和四年，中华书局1956年版。
② 《汉书》卷68，霍光传，6册。

汉宣帝。

刘询虽然年仅17岁，却可谓历经沧桑。这得提及惨不忍睹的"巫蛊之祸"：太子刘据与丞相双方兵马在长安街巷激战5日，刘据兵败带着两个儿子出逃，藏在湖县一位好心的穷人家里，又被官吏发现，无处可逃，只得自缢。两个皇孙也被杀，幸好尚在襁褓中的刘询逃过一劫，但也被下狱。又幸逢负责此案的邴吉心善，知道太子被诬陷，怜悯这个无辜的婴儿，让忠厚的女囚在宽敞干净的房间哺育他。后来，刘彻生病，望气者说长安监狱有天子气，他还命令将狱中人连夜处死。邴吉紧闭大门，拒不执行。天亮了，刘彻也清醒些，叹道："天意啊！"于是大赦天下，刘询才得救。要不是侥幸碰上一连串好人，刘询哪逃得出一连串死局？当然，从他继承皇位来说，那得益于刘贺出奇地糟糕。

刘贺出奇地糟糕而能及时被制止，在那没有民主机制的专制时代，更是奇迹。钱穆认为明清以前的中国并不能说是皇帝专制，有一定道理。且说刘询，历史证明他是位好皇帝。西汉制定庙号、谥号在历史上最严，11个皇帝仅4个有正式庙号，刘询是其一（另3位是刘邦、刘恒、刘彻），可见其功德之高，也可见霍光在选皇位继承人方面之慧眼与公心。

最大看点：化敌为亲

刘彻在位50余年，与匈奴作战40余年。匈奴遭到沉重打击，但他们南侵之心未改。步入"昭宣中兴"，这种形势发生根本性变化，匈奴内部为王位争执，外部则四面树敌，倍受打击，实力开始衰退。虽然还有些骚扰，但是强弩之末，逐步变为朝贡。如果画张图示意这期间匈奴与汉的关系,那是一条抛物线。不过我又想,抛物线虽然直观,但没法画,因为相关事件无法转换成具体数据,还得用文字描述。

上升线段:即矛盾冲突增多阶段。刘弗陵继位这年冬,也许是想报复刘彻,也许是想给新上任的小皇帝一个下马威,匈奴进犯朔方,杀掠边民。始元二年(前85年)匈奴内讧,开始衰落。北疆沉寂几年,元凤元年(前80年)突然发2万骑入侵。汉军追击,斩获9000人。匈奴怕了,远走西北。第二年匈奴遣9000骑兵驻受降城(居延城,今内蒙额济纳旗),听命于汉。从此,侵盗之事日少。元凤三年(前78年)春,匈奴贤王部4000骑又分3路进犯张掖。张掖太守率军反击,大破之,仅几百人逃回。从此,匈奴不再敢犯张掖。本始二年(前72年)即刘询继位第三年秋,匈奴似乎想试试汉室新帝的实力,一边频频侵汉,另一边侵乌孙。乌孙王及其有个美丽名字的解忧公主连连致书刘询,表示愿出精兵5万,东西挟击匈奴。刘询自然乐意,由5位将军率15万骑出征。

转折线段:本始三年(前71年)听闻大军从长安出征,匈奴吓坏了,马上安排老弱赶着畜产远远回避。汉军到,俘斩敌3000余。同时,乌孙王率5万骑从西路进军,俘斩匈奴4万余,畜70余万头。冬,匈奴王亲率数万骑报复乌孙,俘虏一些老弱。不料天降大雪,人马冻死,生还不足1/10。这时,丁零、乌桓又和乌孙联合,趁势向匈奴进攻,杀敌数万,获马数万。又因饥饿,匈奴死了3/10。这样,匈奴实力大衰,依附的小国纷纷瓦解。随后,刘询又派3000骑分4路进击匈奴,生俘数千。匈奴终于给这一连串打击制服,只想与汉和亲,边境渐趋宁静。

下落线段:即冲突减少转为友好阶段。地节二年(前68年),刘询认为匈奴不再构成威胁，撤去塞外诸城，让百姓休养生息。匈奴王一听这消息，非常高兴，马上派人做媒，想与汉和亲。匈奴其中一部落却不高兴，连忙率兵进犯汉边境，想破坏匈奴王与汉和平。汉军发兵屯要塞，那部落只得逃去。秋，匈奴一个酋长率数千人赶着畜产降汉。元康二年（前64年），匈奴又犯，出兵进犯汉在车师屯田的官兵，汉另派7000屯兵相救也被围困。刘询派张掖和酒泉骑兵救援。元康四年（前62年）羌与匈奴勾结，想攻鄯善和敦煌，从而阻断汉与西域的通道。汉派使者出访羌，晓以大义，他们放弃阴谋。神爵二年（前60年），匈奴日逐王率众降汉，汉将郑吉发动西域各国5万人热烈欢迎。郑吉威震西域，趁势在乌垒城（今新疆轮台）设西域都护府，负责督察乌孙等36国。从此，汉的号令行于西域全境。不久，匈奴撤去在西域的官员，并派员朝汉贺岁又和亲，其乐融融。

神爵四年（前58年）匈奴内部又发生争夺首领之位事件，相互厮杀。次年，汉朝多位大臣提议趁机灭匈奴。御史大夫萧望之则认为这样出兵，他们必然远逃，无功而返，不如派使者前去安抚。在他们弱时予以关怀，让他们感恩，以图长远友好。刘询采纳这一建议。五凤二年（前56年）匈奴一单于在内部争纷中失败，逃来降汉。不久又有匈奴大将不满内乱，率数万人降汉。第二年因为匈奴来降者越来越多，汉便在西河（今内蒙古鄂尔多斯）、北地（今甘肃庆城县）设属国，专门安置匈奴降者。五凤四年（前54年）对汉称臣。刘询认为北疆平定，撤减边卒20%。随后又有匈奴人因内战失利降汉，匈奴单于遣使入汉贺岁。甘露二年（前52年）匈奴单于呼韩邪叩访五原（位于今内蒙包头市）边塞，奉献国珍。刘询要求以礼相待，规格在诸侯王之上。同时派遣使者前往迎接，所过之郡军民夹道欢迎。匈奴单于呼韩邪抵长安，上国书称臣。刘询赐玺绶、冠带、黄金等。匈奴单于呼韩邪诚挚地说："希望能让我留居光禄城（位于今内蒙古五原县塞外）！万一有战况，我一定会保卫！"刘询同意，派6000骑送他出朔方，并赠谷3.4万斛。匈奴分裂派闻知，连忙远逃。从此，乌孙以西至安息（今伊朗）各亲近匈奴的小国都转而尊汉。甘露四年（前50年）匈奴两派都遣使朝汉，汉予优待。

此外，这时期的经济不能不说。

《盐铁论》

"昭宣中兴"经济方面留下了翔实史料，这就是著名的《盐铁论》。不过，这实际上是一本政论性散文集，内容不限于经济，还涉及当时政治、军事、外交、文化等多方面。

为从经济上加强中央集权，刘彻以来推行盐铁官营、酒类专卖及统一铸币等一系列新政。这些政策收到良好效果，但也给农业、工商业和百姓生活带来一些影响，特别是剥夺地方诸侯和富商大贾的既得利益，引起强烈不满。当时百姓纳税最多40亿钱，而皇室收入达83亿钱，也即总财政2/3的收入来自官营。[①]换言之，占比不到10%的工商业却承担了总财政2/3的负担。结果，一大批高官富得流油，例如御史大夫杜周、大司马霍光、丞相田蚡、丞相张禹等。

于是，始元六年（前81年），朝廷召集各地贤良文学60多人与官员共同讨论民生问题，后人称之为"盐铁会议"。会上，双方对财经政策、屯田戍边、与匈奴关系等一系列重大现实问题展开激烈争论。这是中国历史上第一次规模较大的国家大政辩论会。30年后，大臣桓宽根据

---

① 郭建龙：《中央帝国的财政密码》，鹭江出版社2017年版。

这次会议的官方记录，加以"推衍"整理，把双方问题详尽追述出来，写成《盐铁论》。这本书在经济思想史和文学史上都具有重要价值。

刘彻时期一系列经济改革的主推手桑弘羊是此时期的官方代表人物，另一方是各郡国推荐来的社会贤达即民间代表。民间代表从儒家教化着眼，呼吁罢黜盐铁专卖，还利于民，桑弘羊则从国家利益着眼，明确表示专卖不可废，尖锐对立。①争论了老半天，废除全国酒类专卖和关内铁官，算是折中的结果。幸好留下史料，让我们了解到当时社会的细节，如下。

关于制铁业：桑弘羊认为国营铁业不仅可以扩大财政收入，而且有助于提高产品质量。民间代表反映实际情况是：国营卖出来的铁制品质量不好，而价格大幅提高，还要强迫人买，百姓苦不堪言。②

关于铸币：桑弘羊认为铸币权收归国有，可以防止劣币。民间代表却反映说：现在的钱币反而变得偷工减料，更让民众吃亏。③

减租税

这时期，减轻农民负担，解决农民实际困难，是常有的事。如前85年朝廷遣使给无种子、无口粮的贫民放贷，同年又因灾免收所贷出的种、粮，并除当年田租。元凤二年（前79年）诏不收本年度马口钱

---

① 《汉书》卷24，食货志4，4册，"皆对愿罢盐铁酒榷均输官，毋与天下争利，视以俭节，然后教化可兴。弘羊难，以为此国家大业，所以制四夷，安边足用之本，不可废也。"
② 《史记》卷30，平准书，"郡国多不便县官作盐铁，铁器苦恶，贾贵，或强令民卖买之。"
③ 《盐铁论·错币》，"币数易则民益疑。于是废天下诸钱，而专命水衡三官作。吏匠侵利，或不中式，故有薄厚轻重。农人不习，物类比之，信故疑新，不知奸贞。商贾以美贸恶，以半易倍。买则失实，卖则失理，其疑或滋益甚。"

（牲畜税）。第二年春免中牟贫民的租赋，停止运粮进京4年。元凤四年（前77年）免民4～5年"口赋"（刘彻开始向7～17岁的人口征收的人头税），以及所欠达3年的"更赋"（22～56岁的男子要服力役或兵役，不愿亲身践役的可以出钱代役）。元平元年（前74年）诏减口赋钱30%。本始元年（前73年）免当年租税。本始三年（前71年）诏受灾的农民免租赋。地节三年（前67年）因边境屯戍驻军久劳百姓，诏流民归还，权借公田，贷种、粮，并免徭役。次年诏减天下盐价。元康二年（前64年）免收受灾者当年租赋。五凤三年（前55年）诏减天下口赋。甘露二年（前52年）减民算赋（向成年人征收的人头税）30%。第二年免当年田租。次年49郡国同日地震，诏勿收租赋。

各级官吏将劝科农桑、发展生产作为首要政务。委派农业专家蔡葵为"劝农使"，巡视全国，指导农业生产。这样，农业连年丰收，谷价创汉代最低。

史称当时"北边自宣帝以来，数世不见烟火之警，人民炽盛，牛马布野"，"政教明，法令行，边境安，四夷亲，单于款塞，天下殷富，百姓康乐，其治过于太宗（刘恒）之时"[①]。不过，中国社科院政治学所副所长白钢主编《中国政治制度史》写道：

> 由于汉武帝大力扶植宗法地主势力，特别是允许商人买官，鼓励地主兼营商业，造成了商人、地主、官僚的结合，使土地兼并与农民的破产和贫困以加速度进行，从而激化了阶级矛盾和社会矛

---

① 应劭：《风俗通义·正失》。

盾。这就导致了西汉后期社会的黑暗,并为外戚王莽篡汉立"新"提供了条件。①

这段话的言外之意,一方面说"汉武盛世"对于综合国力的挥霍严重透支了西汉这条大汉的身体,另一方面也说明"昭宣中兴"并没能使这种大伤王朝元气的透支得到根本性恢复。

此外,这时期的司法也值得一说。

"编蒲抄书"的典故说有个叫路温舒的人,家里很穷,没钱读书,只好给人家放羊。他发现蒲草的叶子很宽,灵机一动,摘几片蒲叶编成一张席子,然后把借来的书抄写在上面学习。就在这样艰苦的条件下,他成为一个挺有学问的人,举孝廉入官。这事编写成幼儿成语故事和幼学千字文,广为流传。其实,路温舒还有件更重要的事青史留名。地节三年(前67年),在司法部门任职的路温舒上书刘询,反映当时刑罚太甚:"死人之血流离于市,被刑之徒比肩而立,大辟之计岁以万数,此仁圣之所以伤也。"②他还具体批评严刑逼供,问案人员有利用犯罪嫌疑人求生的心理,故意设下把他们的口供引向认罪的陷阱。为此建议:改变重刑罚的政策,"尚德缓刑",废除诽谤罪。看完这份奏章,刘询即增设司法官员4名,加强对地方司法机构的控制,以慎刑狱。

此外,还有太守郑昌上疏,请删定律令,以正其本,使愚民知所避,奸吏无所弄。从路温舒和郑昌上书内容来看,当时司法还挺黑暗。所幸一出生就坐牢的刘询不像刘彻,而采取了一系列改革措施。他上台

---

① 《中国政治制度史》。
② 《汉书》卷51,路温舒传,5册。

当年提拔执法公平的官员，数度解决疑案。此后更多，例如：地节元年（前69年）要求定罪量刑一律从轻；地节四年（前66年）以刑讯致死人数考核狱卒优劣，第二年为周勃等136人的子孙平反；元康二年（前64年）开展全面检查并对治狱不平者不用；前62年诏80岁以上除诽谤杀伤人者不论罪；五凤四年（前54年）又派24名官员巡行天下查冤狱及苛暴不改的官吏。这样，初步改变刘彻时期人人自危的恐怖局面，缓和社会矛盾。

但刘询对贪官污吏严惩不贷。田延年是功臣，是酷吏，也是"大老虎"。想当年田延年任河南太守，非常残暴，每到冬天集中处决死囚，往往血流数里，人称"屠伯"。但霍光想废昌邑王而另立刘询之时，尚有犹豫，田延年鼓励他下定决心。因此，刘询上台后很感激田延年，封他为侯，提拔为大司农，主管全国财政。没想到他贪财，在修建刘弗陵墓圹的时候，利用雇牛车运砂的机会贪污3000万钱。御史大夫田广明替他说情："《春秋》上有以功覆过的大义。当初废昌邑王的时候，如果没有田延年一番慷慨陈词，哪有皇上今天？现在，由官府拿出3000万替田延年赎罪，不就得了吗？"刘询坚持要审判。田延年叹道："我有何面目进牢狱？"他不肯主动去受审，拿着一把刀想自杀又下不了决心，在自家园子里来回踱步，不知所措。过几天，听外头传来鼓声（类似现代警笛），他连忙自刎。

去脉：乱汉者果然太子也

实际上刘询不允许批评刘彻，而诸多继承刘彻，史书常写他"修武帝故事""循武帝故事"。大臣盖宽饶曾以死进谏，直斥刘询："如今圣道渐废，儒说不行，把宦官当周公，用法律替代《诗经》。"①太子刘奭也对父皇提意见："您持刑太深，应当多用儒生！"对此，刘询斥责道："汉家自有制度，本以霸王道杂之，奈何纯任德教，用周政乎？"刘询觉得"乱我家者，必太子也"②，很想改立太子。刘询在是否更换太子的犹犹豫豫中去世，刘奭继位，即汉元帝。

大权在握，刘奭放手"纯任德教"。继位当年，孔子第十三世孙孔霸上书请求"奉孔子祭祀"，他即诏封孔霸为关内侯，赐食邑800户及黄金200斤，号褒成君，负责祭祀孔子事务。同时，以儒家标准选官用人。太学博士弟子，由刘询时的200人激增上千。这些博士弟子每年按甲、乙、丙三科考试，合格即授以相应的官职。因此，当时社会流传这样一句话："遗子黄金满籝（竹笼），不如一经。"读儒经做官，成为当时入仕的主要途径。

这时期，虽然有"昭宣中兴"的老本可吃，人口数达顶峰，将军陈汤本着"犯强汉者，虽远必诛"的原则，使汉匈百年大战终告一段落，但刘奭"纯任德教"的国策在内部很快出现负面效应。豪强大地主兼并之风盛行，过于放纵外戚、宦官，而"德教"并不能解决这些实际问题，社会危机日益加深。中国古代四大美女之一王昭君，就是被刘奭远送那荒漠的。

再说刘奭身体太差，不到40岁就头发脱落，牙齿也掉。这样，他只好将政事委以宦官石显。石显少年时因为犯罪被处宫刑，外巧内阴，先后谮杀京房、贾捐之等能臣。他权倾朝野，结党营私，搜刮资财多达

---

① 《汉书》，卷77，盖宽饶传，6册，"方今圣道浸废，儒术不行，以刑余为周、召，以法律为《诗》《书》。"
② 《汉书》，卷9，元帝纪，4册。

一兆,把官场搞得乱七八糟,国势一天比一天衰弱。

末了,且评说几句。

"昭宣中兴"37年,其中前20年都由霍光主持朝政。最重要的政绩是与匈奴由战转和,转折点就发生在霍光手上。刘彻留下的是一个烂摊子。如果霍光平庸,非常可能没这个复兴。如果霍光要篡位的话,这还是汉室的末日。霍光之功不可没,且大于刘弗陵、刘询。

"家天下"之主,没本事活可以让别人干,位不能改他姓。好比上门女婿,名分不可让。当然不乏女婿将女儿拐跑的,掌大权而将皇位夺了并不少见,比如王莽、朱全忠、赵匡胤等一大串。霍光不是没有条件,而且还有被别人篡夺的风险。与霍光同样辅政的上官桀不服:你霍氏可以摄政,我上官氏为什么不行?于是,依附皇帝之姊盖长公主,结成反霍联盟,将上官氏年幼的孙女送入宫,封为婕妤,想通过公主和孙女取代霍光与刘弗陵。还有一个人更是愤愤不平,那就是燕王刘旦。他比刘弗陵年长,理当立他为太子,由他继位,怎么能让那么小一个弟弟继位呢?经过几年密谋,形成以盖长公主和刘旦为首的两股反对势力。他们联合起来政变。

元凤元年(前80年),霍光外出休假,他们认为时机已到,便叫一个人用刘旦的名义上书这时年已14岁的刘弗陵,说霍光在检阅京都兵备,附近道路戒严,还跟匈奴勾结。霍光擅自调兵,目的是为了推翻刘弗陵,自立为帝。为保卫刘弗陵,建议召刘旦入朝。他们的图谋是:这奏章呈上后,刘弗陵会立即按奏章内容宣布霍光的罪状,紧接组织朝臣胁迫霍光辞职。万万没想到,刘弗陵将此扣压,不予理睬。第二天霍光得知上官桀等人的阴谋,便站在"周公负成王"图前不动。刘弗陵见霍光没来上班，连忙向朝臣打听。上官桀以为胜利在望，煽风点火说："因为燕王揭露他的阴谋，不敢来上朝了！"刘弗陵随即召霍光入朝，却劝慰说："朕知道那奏章是造谣诽谤！你调动兵力，燕王远在外地怎么知道？何况你如果真要推翻朕，无须如此大动干戈！"大臣听了无不惊叹，没想到小小皇帝如此聪明善断。

上官桀等人阴谋被揭穿后，不甘罢休，干脆赤膊上阵。他们计划由盖长公主设宴请霍光，埋伏兵卒将他杀了，然后废刘弗陵。又一次出乎他们意料的是：这阴谋被盖长公主门下一名官员知道并密报。于是，刘弗陵、霍光先发制人，将上官桀等人逮捕，诛杀他们家族。盖长公主和刘旦自知罪孽深重，先后自杀。

这时，霍光如果要假戏真做，应该挺容易。从他能够废刘贺改立刘询情况看，这是非常可能的。而从王莽、赵匡胤们的实践看，还可能是轻巧的，并可能光耀史册。

如果霍光爱惜羽毛，那么他可以像曹操。曹操"挟天子以令诸侯"，成为事实上的皇帝，逐步将或明或暗的对手清除。孙权劝曹操称帝，曹操将孙权的信给大臣们看，生气地说："这不是明摆着把我往炉火上推吗？"群臣也奉劝曹操自立。曹操仍不肯，说："如果真有那个天命，那我就当周文王吧！"曹操至死没称帝，只是将官爵传给自己儿子曹丕。曹丕第二年逼迫刘协禅位，并追谥曹操为魏武帝。

或许霍光真是这么想，他的妻儿们则非常可能这么想。他儿子、女婿、弟弟都任要职，霍光的夫人还不满足，想将自己小女儿立为皇后。可是，刘询下诏说："朕很思恋落难时的一把剑，你们帮我找回来！"群臣猜测老半天，才明白他想立的是从民间带回的妻子许平君。霍光夫人不甘心，竟然指使人将许后毒死。许后的儿子被立为太子后，霍光夫人又想毒死这太子。

霍光死后第三年，霍家人利令智昏，密谋以霍皇后（霍光之女）的名义废掉刘询，改立霍光一个儿子为帝。刘询大怒，与霍氏相牵连而被定罪灭族的多达数千家。

霍光虽然功勋卓著，也恪守本分，但身后被家属坑了。刘询在未央宫设麒麟阁专门陈列功臣的画像，霍光只写官职和姓，略其大名，以示惩戒。曹操更糟！如今你问一下，恐怕十之八九回答："奸臣！"那是戏文的影响。而赵匡胤真的将人家孤儿寡母的天下篡了，有几人骂？

第二章

孝文中兴

> **提要**
>
> 北魏孝文帝拓跋宏在位期间（471—499），实行一系列汉化改革，重推"俸禄制""三长制""均田制"，社会经济全面大发展。
>
> 假如冯太后像王政君那就糟了，面对乙浑将军比王莽来势更凶猛的篡权，肯定跟小皇帝一起成为刀下鬼，北魏的历史在466年便可能终结。

来龙：政变频频

北魏朝中多血腥。著名的太武帝拓跋焘被太监宗爱所杀，宗爱拥立其子拓跋余，可是后来又将拓跋余杀了，然后拥立拓跋焘之孙拓跋濬，即文成帝。拓跋濬吸取教训，即位后马上杀宗爱个措手不及，并动用五刑，灭其三族。拓跋濬在位13年，其间恢复佛教，和平外交，与南朝刘宋、北方各国互通商贾，息兵养民，朝中逐渐安定。不过鲜卑贵族与汉族的矛盾依然突出，百官腐化，百姓反抗愈演愈烈。同时，内部斗争仍然激烈，谋权夺位的事接连不断，被处死的大臣不计其数。

和平六年（465年），拓跋濬病死，其子拓跋弘继位。拓跋弘继位时年仅9岁，尊奉嫡母皇后冯氏为皇太后摄政。大将军乙浑看拓跋弘年幼，假诏大肆排斥异己，害死多位大臣。看着乙浑横行霸道，拓跋弘没辙，只能躲在冯太后那里痛哭。冯太后一时也为难，只能拜乙浑为相。可是乙浑的野心愈来愈大，不满足于丞相之位，阴谋发动宫廷政变。第二年初，冯太后诏命大臣率军突然包围乙浑府，把他杀了，稳定皇权。

皇兴五年（471年），17岁的拓跋弘要将皇位禅让给叔父，遭到群臣反对，只好作罢。没几日，他又下诏传位于皇太子拓跋宏。拓跋宏时年才4岁，只能继续由冯太后摄政。

最大看点：政治、经济与民俗大改革

一、都城改迁

鲜卑族相对落后，但他们很有进取心，一样样向汉族学习，一步步向中原逼近。开国皇帝拓跋珪为了便于向汉族学习，将国都南迁到平城（今山西大同）。在平城营宫室，建宗庙，立社稷。据统计新建宫殿苑囿、楼台观堂等重大工程上百处，分皇城、外城、郭城，外城方圆20里，外郭周围32里，有12个城门。建筑之繁多，前所未有。为了满足这一需要，从长安迁能工巧匠2000户到平城。

然而，平城也不理想。第一，对于汉化国策来说，平城还是偏北，深入汉族不够。第二，他们有志于统治全中国，都城太北不利于管理政治、经济、文化更发达的中原。第三，平城偏北地寒，粮食产量有限，而京城人口日益增多。平城没有水陆漕运，从关内运粮到平城，费时费力，成本昂贵。第四，地理环境欠佳，多山，干旱，气温偏低，秋谷歉收，云中、代郡诸多百姓饿死。当时有人作《悲平城》诗："悲平城，驱马入方中，阴山常晦雪，荒松无罢风。"因此，太和十四年（490年），23岁的拓跋宏亲政后第一件大事就是把都城再南迁一些到洛阳。

正如我们在"盘庚中兴"所见，迁都触动了大批贵族的利益，阻力很大。拓跋宏的策略与盘庚不同，对迁都之事秘而不宣。太和十七年（493年），拓跋宏亲自率步兵、骑兵30多万，说是南征齐国。到洛阳时，秋雨连绵一个月，道路泥泞，行军非常困难，拓跋宏却照样下令继续前进，官兵吃尽了苦头。大臣们对伐齐本来就有情绪，因为43年前一次南征，北魏10万大军惨败，从此一听"南征"二字就不寒而栗。如今大雨，或许是天意。文武百官跪到马前，叩谏停止进军。拓跋宏说："如果大家实在不愿南下，那就把国都迁到这儿来，怎么样？"大家听了，面面相觑，没敢轻易开口。拓跋宏催促说："不能犹豫了！同意迁都的往左边站，不同意的站到右边。"迁都他们不愿意，但相对来说显然比战争好，于是不约而同站到左边。

拓跋宏委派任城王拓跋澄回平城，向王公贵族宣传迁都的好处。随后，他自己赶回平城，召集他们座谈。贵族反对意见还不少，可是一条条被拓跋宏驳回。那些人实在讲不出什么理由了，只好说："迁都是大事，是凶是吉还是卜卦听天由命吧！"卜卦结果可能有利，也可能不利，万一不利就前功尽弃。拓跋宏不冒这个险，连忙说："卜卦是为解决疑难事。迁都的事已经没有疑问了，卜什么卦？我们祖上迁过几次，不是一次比一次好吗？"

不到半年，留在平城的贵族阴谋另立朝廷，同洛阳对抗。太子拓跋恂肥胖，怕洛阳天气热，又不愿说汉语穿汉服，非常留恋鲜卑旧俗，因此被他们拉拢，密谋逃回去参加叛乱。拓跋宏到嵩岳检查工作去了，拓跋恂乘机选御马3000匹，准备奔平城。领军发现异常，马上派兵严守宫门，阻止他们的阴谋。拓跋宏闻讯立即返洛阳，追究拓跋恂，将其废为庶人。次年有人揭发拓跋恂谋反，拓跋宏便令他自尽，拓跋恂死时14岁，粗棺常服就地埋葬。

就在拓跋恂被废当月，恒州刺史穆泰等人谋反，推举朔州刺史阳平王拓跋颐为首领。这些人大都是鲜卑旧贵族及其后裔，他们不满拓跋宏重用中原儒士，对于迁都等改革都反对。拓跋宏考虑他们有的年老体衰，未加责难，没想他们愈发放肆，阴谋叛乱。拓跋澄等人出击，及时平息，捕100余人下狱。

太和二十一年（497年），拓跋宏北巡平城，慰问拓跋澄等人，顺便亲审叛逆，没一人喊冤叫屈。这次叛乱，留在平城的贵族只有于烈一族没卷入。从此，于烈族受到器重。一些旧贵族和北方少数民族酋长反映说受不了洛阳暑热，拓跋宏也灵活，允许他们秋居洛阳，春还部落，时称"雁臣"。

二、经济制度改革

俸禄制

官吏应当得到相应的报酬。早在战国时期，中原各国任用官吏就形成了薪俸制度。可是北魏刚从部落酋长联盟发展为国家，各方面落后。到这时期他们还没有俸禄制，各级官吏没工资，得依赖贪污、掠夺和皇帝随意奖赏养家糊口，跟匪徒抢劫分赃没有太大区别。在立国之初也许没什么问题，但随着建政稳定，战事减少，掠夺的机会也少了，问题越来越突出。官吏搜刮民脂民膏，导致社会矛盾冲突日益增多。拓跋濬和拓跋弘时期，曾多次下文件禁贪，并有人提出发"班禄"的建议，未被采纳。

太和八年（484年），北魏终于开始仿效两汉魏晋旧制实行"班俸禄"，规定在原来的户调之外，每户增调3匹、谷2斛9斗，作为百官俸禄来源，不得自筹。内外百官，以品级高低确定俸禄等次。从此，再贪绢一匹就处以死刑。

这改革引起鲜卑贵族的反对，淮南王拓跋佗出面要求断禄。冯太后较民主，组织群臣讨论。大臣高闾反驳："俸禄制是官员最好的保护措施，清白的会更清白，不清白的也有机会洗白。如果废止，贪腐泛滥，清官廉吏无法维持生计，最终后果会是什么？"不言而喻。为了贯彻落实这项新政，朝廷派使者分巡各地，专项查处这方面的违法者。拓跋宏的舅舅李洪之，时任刺史，贪财无度，被令在家自尽，地方官员因贪腐被处死40余人。一时间，行贿受贿几乎绝迹。而官民犯其他罪时，也予宽大处理，每年判死刑的不过五六人。

均田令

东汉以后，户籍分"士族"与"庶民"两种。士族即官员，分品级，不仅自己可以拥有土地，还可荫庇亲属——称"荫户"。庶民要向官府缴纳60%的租税，士族与荫户可以不缴。问题是还有人为了免税冒充荫户，官府租税流失严重。所谓"均田令"，就是不论官民贫富，一律平摊赋税。分田方式如下：

一是男子年15岁以上受露田（只种谷物）40亩，女性20亩，但不准买卖，年老免课，身死还田。

二是百姓原有土地为桑田，桑田是世业，不在还授之列。每人可拥有20亩。原来没有的可以分田，不足的补足。随着人口增减，多余部分可以卖，不足部分可以买，但买卖都不能超过应得份额。桑田还必须种一定数量的桑、榆、枣。

三是奴婢受田相同，耕牛1头受田30亩，限4头牛。

四是地广人稀的地方，如果民有余力，可借地耕种；以后人口增加或有新户迁来，再依制受田。地少人多的地方，增丁应受田。无田可授，民又不愿迁徙的，以其家桑田抵充新丁应受之正田。如不能授足，举家不给。再不足，全家正田减额。愿迁的，可到任意空荒之地，但不得逃避赋役。地足之处，不得无故迁移。

五是官吏给公田，刺史15顷，太守10顷，县令和郡丞6顷，离职时移交下任，不得转卖。

均田令限制了土地兼并，使自耕农比较稳定地占有土地，加速了封建化。钱穆评论：

> 此种制度可用两句话概括之，即"同富约之不均，一齐民于编户"。即不论贫富，一律征收赋税。一切人民平等，官与民同样是国家公民，政治上轨道了，中国（在北方）统一了。此乃魏孝文帝根据中国读书人而改革经济制度，故寓独特的历史文化精神，与西洋不同。①

---

① 钱穆，《中国经济史》，北京联合出版公司2014年版。

在黄仁宇看来，拓跋宏其他改革"不过承认已有的趋向，或是锦上添花，对现有的行动予以装饰而已"[1]，"拓跋民族在中国历史上最大的贡献为重新创造一个均匀的农村组织，非如此则大帝国的基础无法立足"[2]。均田令历经北齐、北周到隋唐，实施约300年，变动的只不过是具体数目。

三长制

北魏建国后，利用各地宗主管理地方。宗主是一些大大小小的割据势力。荫户多数没有户籍，属于宗主的私家人口，国家不能征调，也不能干预。显然这不是长久之计。

太和十年（486年）创建"三长制"，取代"宗主督护制"，规定5家为邻，设1邻长；5邻为里，设1里长；5里为党，设1党长。三长制与"均田制"相辅而行。三长的职责是检查户口，征收租调，征发兵役与徭役。任三长者，可免一两人的官役。三长直属州郡。从此，中央管理到达基层，"以大督小，从近及远，如身之使手，干之总条"[3]。

"三长制"使荫户成为国家的编户，实质上是与豪强地主争夺户口和劳动力，因此又引起鲜卑贵族的反对。不过，三长还得从大族豪强中产生，他们不仅本人可以享受免征特权，亲属中还有1~3人可以享受同样待遇，因此反对不太强烈。何况赋税很快减少到过去的十几分之

---

[1] 黄仁宇，《中国大历史》，三联出版社2007版。
[2] 《中国大历史》。
[3] 《魏书》，卷110，食货志，20册，"欲使风教易周，家至日见，以大督小，从近及远，如身之使手，干之总条，然后口算平均，义兴讼息。"

一，地主与平民都拥护。①逢灾，令各地开官仓赈济或借贷给饥民，并允许他们逃亡。饥民路过之地，由当地官府供食；所到之处，由当地"三长"负责安置。②

后来，"三长制"成为北齐、隋、唐时期乡里组织的基础。

三、民俗改革

同时，拓跋宏还进一步推行汉化改革，全面摒弃鲜卑旧俗，采纳汉族的生活方式和典章制度，具体内容：

一是禁止鲜卑贵族、官员及家属着胡服，一律改穿汉服。太和十年（486年）正月初一开始，拓跋宏上殿也穿戴汉族皇帝的礼服和冕旒。

二是禁止鲜卑贵族讲鲜卑语，一律改说汉语。年龄30岁以上的可以逐步改，30岁以下的及官员不得继续使用鲜卑语，否则降职或罢官。

三是将鲜卑族姓氏改为汉族姓氏，皇族由拓跋改为姓元。将老祖宗的姓都改了，这可不符儒家精神。可是拓跋宏解释："北方人称'土'为'拓'，称'后'为'跋'。鲜卑人的祖先是黄帝的后代，以土德而称王，所以称拓跋。土是黄中之色，万物之元，所以应改姓为'元'。"拓跋宏率先将姓名改为元宏（为阅读方便，本书一般用原名），太子拓跋恪改为元恪。其他如"勿忸于"改姓"于"，"独孤"改姓"刘"，"丘穆陵"改姓"穆"，"步六孤"改姓"陆"等等，总共118个姓，全都由复音节改为单音节或双音节，让我们今天读来顺口多了。

---

① 《资治通鉴》卷136，齐纪2，9册，"既而课调省费十余倍，上下安之。"
② 《资治通鉴》卷136，"听民出关就食。遣使者造籍，分遣去留，所过给粮廪，所至三长赡养之。"

四是鼓励鲜卑贵族与汉族贵族通婚。

五是采用汉族的官制、律令。

六是学习汉族的礼法，尊崇孔子，以孝治国，提倡尊老、养老的风气。

七是凡已迁到洛阳的鲜卑人，一律以洛阳为原籍；死于洛阳的鲜卑人，必须葬于洛阳附近的邙山，不准回平城安葬。

此外，度量衡也要求改长尺大斗，依《周礼》制度颁之天下。

不难想见一个民族要全面革新多么艰难。然而，拓跋宏的意志不可动摇。太和二十三年（499年初），拓跋宏在南征途中染病，不得已回洛阳，但坚持上朝。他责问拓跋澄："营国之本，礼教为先。朕离京以来，旧俗改变多少？"拓跋澄回答："圣上教化日新！"拓跋宏听了很不高兴："胡说！朕昨日入城，分明看见车上妇人还头戴帽子、身着小袄，怎么说日新？"帽子和小袄是鲜卑妇女旧服。拓跋澄辩解："穿旧服的少，穿汉服的多。"拓跋宏还不满意："你的意思是想洛阳全城都穿旧服吗？你不知道'一言可以丧邦'吗？"拓跋宏要求很严，谁也别想打折扣。

北魏这期间的一系列改革，有一个鲜明的主题：汉化，也即封建化。对刚从部落走出来的鲜卑而言显然是一大非同寻常的进步，也显示出他们远大的理想抱负。可惜，出师未捷身先死，拓跋宏倒在南征疆场，伟大理想没能实现。可是，北魏作为正统王朝逐渐得到汉人的认同，被称为"北朝"，与"南朝"相提并论，统治华北地区达一个半世纪之久。

去脉:"成也儒教,败也儒教"

太和二十三年(499年),拓跋宏驾崩,16岁的太子元恪继位,即宣武帝。元恪上任第一把火便是扩建新都洛阳,坚拒鲜卑族遗老们重返故里,巩固父辈改革成果。随后南伐,先后攻占扬州、荆州、益州等地,北魏国势盛极一时。然而,朝中腐败已无孔不入,如顾命大臣、元恪的叔父元禧侵吞大量田地和盐铁产业,另一辅政亲王元祥则大做"官倒"生意。外戚专权变得突出,高肇利用国舅的宠幸逼杀元祥。首都市长元愉对此极为不满,起兵谋反,在信都(今河北邢台市信都区)另立山头。更要命的是北方中下层民众的不满与日俱增,军人也感到被边缘化,各类反叛此起彼伏。如北地(今陕西富平西北)平民,聚集数千人在长安城北叛乱,并派人向南齐联络请求武力支援。秦地、雍州等7州多达10万之众迅速响应。反叛像癌细胞一样向全国扩散。元恪分身无术,穷于应急。

元恪在位16年,32岁病逝,由5岁的次子元诩继位,重新陷入内乱的恶性循环。元诩在位13年,算这时期在位时间最长的皇帝,最后被胡太后鸩杀。接着一个21岁即位的皇帝在位仅两年,就被军阀所杀。再下来3个都只在位不到两年,被废或被杀。最后一个在位3年,被杀并篡位,北魏一分为二。

末了,且评说几句。

以汉族为主的中原社会较四邻少数民族地区先进,这是显而易见的。有些少数民族想凭武力掠些好处;有些则深感自卑,如后唐李嗣源,每天晚上向天祷告:"臣本蕃人,岂足治天下!世乱久矣,愿天早生圣人"①。汉化的方向是正确的。然而,汉化改革在某种意义上说就是儒家化,本来他们的宫廷很简单,现在给儒教弄得很复杂;本来他们帝王与大臣关系挺亲密,现在给儒教弄得等级森严;本来他们官府与人民群众的关系挺融洽,现在给热衷于制造"人上人"的儒教弄得天壤之隔。

儒家认为百善莫大乎孝。丧礼则是孝的集中体现,格外重要。父母过世,明确要求子孙守孝3年,实际执行27个月,2年1季度。为什么呢?因为当年母亲哺乳要27个月,现在得偿还。守孝期间要天天守在灵堂,800多天都面带哀伤。这要求会不会过分呢?孔子的学生宰我曾提出质疑,师生发生矛盾,争吵得挺厉害。宰我认为守孝3年太长,1年就够,并从正反两方面论证,孔子说如果心安理得,你就守1年吧!宰我一气走了,孔子骂他不仁,怎能这样报答父母。②孔子为什么如此固执呢?因为先秦儒家认为孝比忠更重要,父比王重要,"为父绝君,不为君绝父"③,伍子胥为报杀父之仇招引敌国来杀楚王还是被认为贤人。但至汉朝,儒家开始变味,此是另外话题。

一般人都不愿或者没法守孝3年,只因为儒教及官府鼓励,才有些人争当孝子楷模。

孔子与学生发生争执,说明"三年之丧"在当时就有人不愿遵行。后来,汉文帝主张"以日易月",只要守孝36天即可。到晋武帝更简单:"心丧三年",所谓"心丧"即"戚容如父而无服也"④。拓跋宏却

---

① 《新五代史》卷6,唐本纪,40册。
② 《论语·阳货》:"宰我问:'三年之丧,期已久矣。君子三年不为礼,礼必坏;三年不为乐,乐必崩。旧谷既没,新谷既升,钻燧改火,期可已矣。'"
③ 郭店楚简:《六德篇》。
④ 《礼记·檀弓上》。

食古不化。太和十二年（488年）冬，秘书丞李彪建议："朝廷大臣遇父母去世，丧假一满，就回来工作，穿绫罗绸缎，乘华贵马车，跟着皇上出席祭典，参加酒宴，实在有损孝心，违背天理。我认为凡遇祖父母、父母去世，除非战争时期，都应当让他们守孝3年。"拓跋宏批准实施。

太和十四年（490年）冯太后去世，享年49岁，谥号"文明皇后"。临终时，她像曹操一样特地遗嘱要求下葬后即脱去丧服，不必拘泥古礼。大臣劝拓跋宏脱丧服，他却说："中古时未实行守孝3年制度，是因为君主更换太频繁。朕德行还不够，但登基已12年，足以让百姓了解。在这样时候，朕如果不能充分表达哀痛与怀念之情，不令人遗憾吗？"大臣说："自古以来天子没有实行守丧三年的制度，所以太皇太后特嘱节哀。"拓跋宏说："太皇太后那样说，是担心我们会因此耽误国家大事。如今朕不敢沉默不语，荒废朝政，只打算继续穿着丧服，每逢初一十五去墓地祭拜。"争论了老半天，拓跋宏要在沉默不语与继续穿丧服两者间选择其一，大臣们只得选择让他一边继续穿丧服守孝，一边兼顾政务。太和二十年（496年），拓跋宏重申群臣要认真执行守孝3年的制度，难怪他死后被尊为"孝文帝"。比起来，他那影响深远的经济改革反而变暗淡些了。

皇帝如此，大臣不敢不重视。他们本来挺简单，父母死后，可以很快放下悲痛，更好地努力工作。可现在得硬性执行守孝3年的制度，除非是大户人家，几人能够3年不干活而有衣食呢？于是一些官员平时贪污，抓紧积累，以备度过父母死后6年的"失业期"。

此外，拓跋宏还将正被历史抛弃的汉族士大夫门第制度强行搬到鲜卑社会，生硬地制造出新的门第，分6等，如第一等膏粱门第，三世中出过3个宰相（三公）；第二等华腴门第，三世中出过3个相当于宰相的高官（尚书令、中书令、尚书仆射）。

朝廷用人，只问门第，不问才能。各等门第都有相应的官位，平民别想做官梦。拓跋宏为此辩护说："出身名门望族，即使没有出众的才华，也有较好的品德，所以朕要选用！"[1]

《统治史》一书评论："北魏王朝为我们提供了一个关于游牧部落彻底、快速接受华夏文明的经典例证。到公元529年北魏王朝终结之时，它已经变成了一个事实上的汉族国家。事实上，这也是它垮台的原因。"[2] 正所谓"成也儒教，败也儒教"。

人们对"孝文中兴"评价不一。一方面，认为冯太后的改革大都有可操作性，解决了实际问题，影响到隋唐的经济制度。另一方面，拓跋宏的改革则务虚，太激进，造成皇室的分裂。

"孝文中兴"的真正主角是冯太后。

冯太后原名冯锦，汉族，本是北燕皇族，因飞来横祸，被没入宫中，侥幸被选为拓跋濬的贵人，继而立为皇后，尊为皇太后。拓跋珪效仿刘彻，规定凡后妃所生之子被立为储君，生母都要赐死，以防母以子贵，专擅朝政。拓跋弘两岁时，生母李氏被赐死，冯后担当养育之职。

和平六年（465年），年仅25岁的拓跋濬去世，冯太后开始守寡。11岁的拓跋弘继位，尊她为皇太后，由她辅政。将军乙浑欺他们孤儿寡母，一步步篡权。冯太后密定大计，一举收捕乙浑，镇压叛乱。接着宣布由她临朝称制，掌控朝政大权，杜绝再发生类似阴谋。18个月后，拓跋宏出生，于是冯太后很快停止临朝，转而集中精力教养这孙子。

---

[1] 《资治通鉴》卷140，齐纪6，"苟有过人之才，不患不知。然君子之门，借使无当世之用，要自德行纯笃，朕故用之。"
[2] ［英］塞缪尔·E.芬纳著，王震、马百亮译：《统治史》卷2，华东师范大学出版社2014年版。

冯太后跟数百年后辽国的萧太后非常相似，也许后者正是学她。作为女人她们敢爱敢恨，一方面在守寡中大胆爱自己所喜欢的男人，另一方面敢于并善于清除自己的情敌或政敌。皇兴四年（470年）秋，冯太后的情人李弈被人诬陷，拓跋弘将他杀了。冯太后非常生气，逼迫拓跋弘交出皇位。拓跋弘生性喜欢道仙，不争不拒，想传位给一位叔父。冯太后不同意，他只得禅位给不满5岁的太子拓跋宏，自己做太上皇。这一年他只有17岁，成了历史上最年轻的太上皇。他并未完全放权，冯太后感到不安，又将他软禁。随后拓跋弘突然死了，有人认为他是被害死的。

冯太后用高超的政治智慧和钢铁般的手腕，实行一系列大刀阔斧的改革。同时，冯太后精心培养拓跋宏。拓跋宏也刻苦，不仅儒家经典烂熟于心，且史传百家无不涉猎，诗赋文章皆好。冯太后亲自作《劝戒歌》300余章和《皇诰》18篇，供他学习。太和十年（486年）正月初一，拓跋宏开始参与朝政。从此，重要诏敕册文大多授意他起草。可以说，如果没有冯太后言传身教，拓跋宏很可能没有作为"中华皇帝"的远大理想，他的汉化改革也很可能没那么全面，没那么坚定，在中国历史上也就很可能跟他的前后任一样默默无闻；如果没有冯太后，北魏的历史在天安元年（466年）便会终结，而不会有什么"孝文中兴"。

第三章

元和中兴

提要

唐宪宗李纯在位期间（805—820年），果断对军阀开战，取消宦官监军，藩镇割据暂告结束，中央权威初步恢复。

如果李纯像朱由检就惨了！李愬"投敌"证据更是确凿。要是像朱由检那样轻信，也就没有雪夜奇袭之捷，就此断送大唐也不是没有可能。

来龙：军阀与太监架空皇权

纵观大唐20帝近300年历史，几乎没有一个皇子善终。李亨是李隆基第三子，在争宠夺嫡中偶然胜出，又偶然登上皇位。他是个好人，但不是能人，国泰民安之时恐怕也不能胜任一国领袖之职，何况在这烽火连天的乱世。他犯了一系列大错，首先是向回纥（唐元和四年改称"回鹘")借兵平息"安史之乱",条件是"克城之日,土地、士庶归唐,金帛、子女皆归回纥"①,即收复首都之日允许他们纵兵抢掠长安(后改为洛阳),钱财与美女全给他们。这里"子女"指美女,如《汉书》:"朕饰子女以配单于,币帛文锦,赂之甚厚。"这既愚蠢又可恨!他忘了老祖宗李渊起兵时向突厥求援,暗中却交代:"胡人兵马入中国,实际是大祸!"②可李亨竟然以洗劫百姓为条件,让我迄今不敢相信。可这不仅有约,还有暴行:回纥进洛阳后贪得无厌,洗劫不休,百姓只好凑了一万匹丝织品央求他们住手。③当时韦庄的长诗《秦妇吟》:

家家流血如泉沸,处处冤声声动地。
舞伎歌姬尽暗捐,婴儿稚女皆生弃……

这就是皇上李亨带来的悲剧!我觉得李亨借兵根本不是为了拯救国家和人民,而只是为拯救他个人的权力。他比安禄山之流更可恶!

还有第二大错。乾元二年(759年)底,平卢节度使王玄志病逝,部将自行推举接班人,李亨却没能及时维护中央的权威,迁就追认,只求维持现状,表面稳定和谐。这样开了一个极坏的先例,有如多米诺骨牌被推倒,从此一个个节度使跟样,骄兵悍将随意逐杀、废立节度使的事经常发生。

李亨在另一场宫廷政变当中受惊暴死,其子李豫接任,即代宗。他虽然最后平定"安史之乱",但继承"发扬"父皇的错误,一方面再

---

① 《资治通鉴》卷220,唐纪36,13册。
② 《资治通鉴》卷184,隋纪8,11册,"胡骑入中国,生民之大蠹也。"
③ 《资治通鉴》卷220,唐纪36,13册。

次向回纥借兵，并同样许诺让他们劫掠洛阳，大火数月不熄，1万余人被烧死；另一方面大赦安禄山、史思明的旧将、亲族，让他们变成新的节度使，在内地形成近50个新的藩镇。他们在各自辖内扩充军队、委派官吏、征收赋税。特别是"河朔四镇"，即驻幽州的卢龙节度使，驻恒州的成德节度使，驻魏州的魏博节度使，驻青州的平卢节度使。其他节度使见了，自然眼红，纷纷跟着学样。换言之，纷纷学着跟朝廷闹独立，形成一个个事实上的独立王国。"安史之乱"后，中央财政收入锐减2/3，你叫这皇帝怎么当？

更令人难堪的是人才也往地方流失，中央机关空位子没人补。有的人从正四品高位贬到地方去，可是全家都开心，只恨贬得太晚。而有的地方官得罪了人，遭受的惩罚是被推荐到中央去。

更要命的是关键之时藩镇不肯出力。战争威胁传来，他们首先想的不是打仗，而是自保，把敌人引到别人的地盘了事。有时也会积极出兵，但是出工不出力，只为中央政府的"出界粮"，那是平时补贴的3倍。

黄仁宇认为："唐朝的帝制，可算是一种极权的产物，只是它的基础无非儒教之纪律。当这纪律败坏时，此极权也无法维持。"[1]这话可谓入木三分。"儒教之纪律"是什么？应该是礼、义、忠、信之类吧！这类东西好比游戏规则，得双方恪守才有效。碰上顶头上司要悔棋耍赖，你只得忍着。"谋逆"在历朝历代都列为天大之罪，十恶不赦，可实际上也得双方默契。碰上那种逆天造反的亡命之徒，有法也难依。所以，皇帝及大臣们对节度使没辙了。

---

[1]《中国大历史》。

当然，皇帝及大臣们肚量是有限的。大历十四年（779年）李豫去世，其子李适继位，即德宗。李适很有中兴之主的气势，一上台就推一系列新政。成德节度使李宝臣病死，其子李惟岳上表请求继承父位，李适果断拒绝。没想到，魏博节度使、淄青节度使和山南节度使竟然和李惟岳联手，以武力抗议。李适调兵万余戍守关东，并亲自在长安设宴犒劳征讨兵马，决心打掉他们的嚣张气焰。初期取得战果，但由于李适利用藩镇打藩镇，导致参与削藩战役的幽州节度使等人不满，形势发生逆转，"河朔四镇"联合对抗朝廷。建中四年（783年），准备调往淮西前线的兵马途经长安时，因为赏赐不均，又嫌伙食太差，发生哗变，史称"泾师之变"。又因为苛捐杂税太甚，长安城里的百姓居然不支持朝廷，而支持叛军，禁卫军也不抵抗，李适只好仓皇逃往奉天（今陕西乾县），而曾担任泾原军统帅的朱泚称大秦（后改为汉）帝。第二年年初李适下"罪己诏"，自我批评说"天谴于上而朕不寤，人怨于下而朕不知"，"朕实不君"，[①]宣布赦免叛乱的藩镇，表示今后"一切待之如初"。直到这年七月才收复京师，重返长安。从此，李适对藩镇也转为姑息。

贞元二十一年（805年），李适去世，其子李诵继位，即顺宗。李诵时年45岁，年富力强，却不幸中风，口不能言，政事委以大臣王叔文等人。王叔文有大志，进行一系列改革，包括限制藩镇，一时间"人情大悦""市里欢呼"，史称"永贞革新"。无奈藩镇已经尾大不掉，伙同宦官发动宫廷政变，拥立太子李纯，即宪宗。李诵在位仅6个月就被废，王叔文等被贬或被杀，改革失败。

[①]《资治通鉴》卷229，唐纪45。

这时期的唐帝，越来越像春秋战国时期的周王。

最大看点：中央权威重树

李纯即位没几天就同藩镇势力接火。西川节度使韦皋病死，副手刘辟按常习自命为"留后"（代理），请求朝廷予以任命。用现代俗语话说是"先上车，后补票"，将朝廷当橡皮图章，李纯不愿意，不同意。不过，李纯刚上任，百废待兴，不便计较，于是改而调他到中央机关任职。刘辟拒绝上任。年末，李纯来个折中，将他任命为副节度使主持工作，他还不满意。

第二年年初，刘辟竟然发兵占梓州，要吞并东川节度使。此时，李纯已站稳脚跟，不再客气，立即调兵遣将反击，收复梓州。李纯与宰相黄裳讨论藩镇问题，黄裳说："藩镇之患已久。今日之势，除两京以外，谁不想自立？陛下振举纲纪，应当稍以法度裁制藩镇。"李纯认为有理，于是加派大将高崇文征蜀。高崇文治军以严著称，有个士兵途中吃饭折断百姓一双筷子就被斩首示众。进入城市，街边商铺不受惊扰。同年攻陷成都，逮了刘辟，送京师问斩。

此外，夏州驻军留后杨惠琳，本来以为主持工作了以后自然转正，没想这年忽然派来新的节度使，他煽动士兵拒绝。李纯没商量，马上调兵征讨。夏州的官兵怕了，连忙将杨惠琳杀了，传首京师。

见李纯接连出铁腕，节度使们不得不有所收敛。同年平卢节度使李师古死，部众推举其弟李师道为副使，自觉上报中央。李纯先任命李师道为留后，不久再任命为节度使。其他节度使纷纷主动请求入京汇报工作。武宁节度使生病，早早就呈请朝廷任命留后。

镇海节度使李锜惶惶不安。他请求进京朝见，李纯同意后他又犹豫，一次次拖延日期，最后说病了等下年。宰相武元衡说："李锜想见就见，想不见就不见，见不见天子还由他说了算？"李纯认为有道理，征召他进京。李锜心虚，索性造反，杀大将和所辖5州刺史。李纯削去李锜的官爵和宗室属籍，令淮南节度使率兵征讨。李锜派部将张子良出击，张子良却鼓动士兵说："李锜谋反叛逆，我们处境很危险！为什么要跟着他去干灭族的事呢？不如为朝廷效力，变祸为福！"于是，他们反戈一击将李锜捕了，押送京城。李纯将李锜和他儿子腰斩，从犯流放。没收李锜的家产，准备运往京城。翰林学士裴垍、李绛建议："李锜的家产是从当地几州巧取豪夺的。现在把这些财产运走，恐怕会让当地民众失望。请赐给浙西的百姓，替代本年租赋。"李纯欣然赞同。用没收的赃款接济当地百姓，是个得人心的好事。

比李锜更顽固、更狡猾的还在后头。元和四年（809年），成德节度使王士真死，其子王承宗自为留后。王承宗叔叔王士则怕惹祸，连忙向中央报告，得到赞许，被任命为神策大将军。李纯很想借此机会出兵，将河北各镇整一整。裴垍却反对："节度使世袭问题由来已久，突然取代它，恐怕他们不会轻易接受。如果他们暗中结党，那就麻烦了！况且目前江淮正遭水灾，官府与百姓都困难，最好暂缓。"李纯同意。王承宗没得到任命，深为不安，一次次上表解释，并进献德州、棣州。同年任命终于下达，同时委任德州刺史薛昌朝为保信节度使（驻庐州），兼领德、棣两州。薛昌朝是王承宗的女婿，本来是双喜临门的事，可是有人挑拨："薛昌朝背着你与中央有勾当啊，不然怎么会有这种事？"王承宗一听火了，出兵袭庐州，将薛昌朝抓了。李纯先礼后兵，派员劝说。王承宗抗命，李纯免了他的职，派太监吐突承璀率兵征讨。

当时，有好几个文豪在朝中为官，如柳宗元、刘禹锡、元稹、韩愈、孟郊、李贺等。白居易时为翰林学士，积极性非常高，曾写乐府诗100余篇，婉言规谏时事。他为此进谏说："兴天下兵，未有以中人专统领者。"[①] 只有近年来才有太监监军。这样做，我担心"四方闻之，必轻朝廷。后世且传中人为制将自陛下始，陛下忍受此名哉"[②]？再说，将军受太监节制，"心有不乐，无以立功"[③]。中人指太监。其他大臣也纷纷表示反对。李纯觉得理屈，只好免吐突承璀的职。

吐突承璀虽然没军职，还是以钦差大臣的身份前往监军，结果军威政令不振，一次次战败。当时，驻潞州昭义节度使卢从史支持王承宗，暗中联手。李纯发觉，将他诱捕，绑赴京城。可是，李绛进言："虽然卢从史暗中奸谋，但如果将他驱逐，让人取而代之，必将人人自危。"于是，将他换个地方为官了事。王承宗也知趣，派使者上中央，说是受卢从史离间，请求缴纳赋税，由朝廷任免官吏，让他改过自新。李纯见好就收，元和五年（810年）颁诏为王承宗平反，将德、棣二州授还给他，诸道行营撤销。

魏博节度使田季安生活放荡，性情暴躁。他的部将田兴倒是既能武又能文，性情恭谦。田兴多次规劝田季安收敛些，田季安认为他要收拢人心，要杀他，但他腿快跑了。元和七年（812年），田季安病死，他夫人将年仅11岁的儿子田怀谏立为副使，掌管军务，将田兴请回来辅佐。怎么能让他们自行做主呢？有人请求出兵讨伐。李纯对河北几镇早就耿耿于怀，有机会自然不愿放过。可是李绛建议："田怀谏乳臭未干，

---

① 《新唐书》卷119，白居易传，36册。
② 《新唐书》卷119，白居易传，36册。
③ 《新唐书》卷119，白居易传，36册。

不得不依靠朝廷。臣认为不必出兵，可以等他们主动归降。"

田怀谏的军政全由家仆蒋士则决断，而他为所欲为，引起众怒。朝廷任命还没到，部将们感到不妙，要推举田兴为留后。田兴却安慰说："不得冒犯副使！我想还是要遵守朝廷法令，请求中央任命。"大家同意。于是将蒋士则杀了，田怀谏搬出军府，坐等朝廷任命。

李纯闻讯，连忙召见李绛："魏博的形势果然如你所料！"于是一边派人去慰问，一边赶制任命书。李纯本来只想将田兴任命为留后，李绛说对这样忠心的人，应当破格，直接任命为节度使。田兴和他的将士们欢欣雀跃。

不久，李绛进而说："魏博50多年没得到朝廷恩泽了，如果没让他们感到喜出望外，无法安抚士兵，也无法让四邻羡慕。因此，建议奖赏150万缗钱。"大臣们同意奖赏，但认为太多。李绛说："田兴不贪独立王国的好处，不顾引起四邻怨恨，毅然归顺。为了国家大计，怎能不舍得钱呢？钱用完了还会有，良机一旦失去不再来。假如调15万兵去攻魏博6州，何止150万！"李纯深有同感，立即表示："朕粗茶淡饭，积蓄钱财，正是为了平定四方。否则，钱堆在国库里有什么用？"于是，立即派人带着150万缗去魏博发赏，并宣布免除魏博6州百姓赋税徭役1年，魏博一派欢天喜地。唐宋皇帝喜欢拿姓名做奖品，第二年还给田兴赐名"田弘正"。

魏博的转变刺激了其他节度使。他们有的想："跟朝廷对抗下去，到底有什么好处？"有的恨田兴破坏了几十年的"潜规则"，派人离间，田兴不上当。有人想联络讨伐田兴，但没敢行动。

淮西节度使是当年为防止安禄山叛军南下而设的方镇，初有12州，"安史之乱"后多数州郡被分割，只剩下申、光、蔡3州，差不多相当于现在河南驻马店和信阳两市，只有三四万兵力。元和九年（814年），淮西节度使吴少阳病死，其子吴元济匿不发丧，伪造吴少阳上表称病，请求任命吴元济为留后。朝廷不同意。吴元济便要横，派兵掠舞阳、叶县等。李纯不是吃素的，调16镇9万大军去镇压。当时，吴元济四邻都听命于朝中，朝廷兵力又具压倒性优势，兵到乱除。

第二年平卢节度使李师道、成德节度使王承宗接连几次上表，请求赦免吴元济，李纯拒绝。没想到，李师道发兵2000人赶往寿春，说是辅助官军，实际上悄然援助吴元济，派特务烧官军帛30余万匹、谷3万余斛。又派特务刺杀力主削藩的宰相武元衡和裴度。当时，天还未大亮，大臣们点着蜡烛在路上赶往宫中上班，刺客将武元衡射死，并砍下他的头颅带走；裴度跌进水沟，侥幸捡回一条命。刺客还留纸条："毋急捕我，我先杀汝。"气焰嚣张极了，京城大骇。有人说这是王承宗手下人干的，随意抓几个人杀了，并派兵讨伐王承宗。

暗杀没能让李纯和裴度退缩。只是没想到，这仗打了4年还打不下来。特别是西线战场，四易主将，第三任全军覆没，第四任居然秘密妥协。那些将领打了胜仗吹牛，打了败仗就隐瞒。朝中几年后才知道真相，李纯痛加责备，威胁如果再不取胜就要严加惩处。因为战局旷日胶着，中央财力吃紧，民力困乏，朝中大臣纷纷建议罢兵。裴度态度坚决："淮西不平，两河不安，犹人有心腹之疾，终将成大患。"为此，他主动请缨，亲临前线督战。李纯很感动，亲自送行到城门。裴度临别还说："此去贼灭，有日见陛下；贼不灭，则无归期。臣与贼不共戴天！"君臣老泪纵横。元和十二年（817年）裴度到达北线战场。吴元济不敢小视，将精锐部队调来，与官军隔河对峙。

这年年初，西线战场官军再次易帅，新的主将李愬谋略过人。他知道士兵厌战,竟然说:"皇上知道我柔弱,特地让我来安抚你们。至于带兵作战,那不关我的事!"这话传开,将士们轻视他。李愬抓了重要俘虏李祐,为了解情报,以礼相待,甚至与他同住一帐。有人说李祐是奸细。李愬怕这些非议传到朝廷,便一边将李祐押送进京,一边密奏:"如果杀了李祐,我就没法取胜!"李纯会意,将李祐押还李愬处理。李祐感激得一塌糊涂,什么军事机密都吐出来。李愬组织2000人敢死队,号称"突将",加以特别训练。

同年"往亡日",算命先生说是"往者去也,亡者无也。其日忌拜官上任、远行归家、出军征讨、嫁娶寻医",李愬却率"突将"们出发。敌人毫无戒备,顺利攻占吴房的外城。李愬却乘胜而退。他说:"如果为小胜得意,为小败沮丧,哪有心思谋大功!"他派员向裴度汇报自己整盘计划,得到赞赏。于是,他率9000兵分3路出征。去哪?李愬说只管往东走。走60里后天黑了,大雪纷飞,先休整吃饭,再接着行军。诸将请示进军目标,李愬这才说去蔡州擒拿吴元济。诸将大惊失色,以为果然中李祐奸计,只是不敢抗命。又走了70里到蔡州城下,这时已到半夜,雪下更大,守军毫无觉察。鸡叫时雪停,李愬突入吴元济大门内。士兵紧急叫醒,吴元济还睡眼惺忪说:"肯定是俘虏偷盗,天亮把他们杀了!"不久,士兵又来告急,吴元济不以为然,说:"可能是我们值夜的将士回来要寒衣吧!"等他相信是官兵时已太迟,只得乖乖做俘虏。淮西军主力当日投降,拖了多年的战役一夜结束,吴房从此改名"遂平"。

然而,与藩镇的战争远没有画上句号。吴元济败了,在郓州的李师道不愿束手就擒,忧恐交集,草木皆兵,令辖内百姓不许聚会宴饮,不许在路上交谈。幕僚李公度看出他的心思,劝道:"自从李纯上台以来,刘辟、李锜、田季安、卢从史、吴元济,都仗着手里有军队,地方险要,可他们哪个不是家破人亡?"李师道觉得有理,便上表请求送交人质,进献沂州、密州和海州。李纯很高兴,派员前往安抚将士。可是,李师道是个"妻管严",老婆不肯让儿子做人质,反而劝说:"李家世代拥有这片土地,怎能轻易献出去?大不了官军来讨,败了再献不迟!"李师道也觉得有理,要杀李公度解气,被劝阻,还是将李公度囚禁起来。这时,朝廷使者追来,李师道道歉:"父子情深,将士也有压力,所以迟迟没送。过一段时间保证送去!"使者回京,汇报说:"李师道反复无常,恐怕得用兵。"再等一段时间,李师道仍然没动静。另一位幕僚贾直言抬着棺材进谏,还画了一张李师道与妻子儿女被囚的画进献,李师道不仅不听,反而将他也囚禁起来。然后,上表说军中将士不让交送人质与割让土地。李纯大怒,发兵讨伐。

韩愈献计:"吴元济就擒后,王承宗吓破了胆。如果让我带着丞相令去劝说,不用出兵就可以让他归顺!"果然,王承宗正处在恐惧当中,一听使者忠告,随即上表交送人质,进献德州和棣州。李纯很高兴,立即下诏恢复他的官职爵位。

官军逼近郓州,首战告捷,送40名俘虏进京。李纯只诛李师道一人,不杀战俘,想回家的发给盘缠。消息传开,李师道的将士接二连三归附。李师道的部将刘悟为人宽厚,人称"刘父"。有人挑拨说:"刘悟喜欢收买人心,现在率一万大军守阳谷,恐怕另有企图。"李师道听信,派人带着他的手令到谷阳要求刘悟的副手杀他。不想,这副手与刘悟关系好,将手令交给他。刘悟对诸将叹道:"我与诸位不顾死活抵抗官军,没半点负李师道,他现在却要杀我,诸位也难免。既然如此,我们不如忠于天子,求个平安!"于是,他们连夜杀回郓城,一举将李师道父子斩了。

"安史之乱"后60年来，藩镇跋扈，河南、河北30多州自行任命官吏，也不向朝廷交纳贡赋，至此全部恢复，中央权威重树。加之这些年风调雨顺，五谷丰登，斗米仅2钱，周边相对来说也比较平静，这一时期被誉为"元和中兴"。

当时史官李翱赞美李纯："自古中兴之主无人及之。"宰相裴度将李纯这十几年勤政、智谋编写成文，趁着一次宴会高兴时进献，请求宫中盖印后交给史官。李纯却不同意："你这么做，好像是朕要求你写的，不妥啊！"看来，李纯挺谦逊。

不过，拍马屁的多了，李纯难免动心。东汉后期，陕西华阴县西岳华山庙立一碑，称"华山庙碑"，又名"华岳碑"，原碑早被损毁，唐玄宗御制华岳碑也只剩残碑，但在当时仍号称"天下第一碑"。这一时期，吐突承璀为歌功颂德，建了安国寺拟竖"圣德碑"，标准参照华岳碑，并准备了万缗高价雇名人撰写碑文，请李纯批示。这回李纯同意了，即命李绛执笔。没想到李绛对此大名大利却不动心，并批评说："尧、舜、禹、汤圣君，都没有自己树碑立传，只有秦始皇那样的暴君才要自吹自擂，您是想学谁呢？"李纯一听脸面没处放，当场叫吐突承璀将碑楼推倒。吐突承璀想来个缓兵之计，说碑楼太大，一时推不了，我慢慢拆吧！李纯严厉地说："多用几头牛，还怕推不倒吗？"吐突承璀不敢再说不了，马上用了上百头牛去拉倒。

《剑桥中国隋唐史》认为李纯是唐朝"后半期唯一的有成就的皇帝"[①]。

---

① ［英］崔瑞德编，中国社会科学院译：《剑桥中国隋唐史》，中国社会科学出版社1990年版。

去脉：藩镇重回半独立状态

元和十四年（819年），韩愈的学生、史官李翱上书，这份谏很值得一读。不愧是史官写的，在历史性的时刻，提出历史性的建言。李翱直言不讳地说：至此，李纯只有武功，文德方面还需要从6方面努力，一是革弊政，二是用贤良，三是改税法，四是减租赋，五是强边防，六是善纳谏，否则太平盛世没指望。[①]李纯对李翱此谏态度如何，不得而知。李纯谦逊，但并不善于纳谏。因为委派太监监军之事，白居易进谏批评，李纯不得不有所采纳，但怀恨于心。他对李绛发牢骚："白居易这小子，是朕拔擢至名位，而无礼于朕，朕实难奈。"[②]从史实来看，他也没采纳李翱之谏，非常遗憾。

藩镇被暂时压制，李纯以为功成名就，不再进取，不再信任贤臣，不再纳谏，而热衷于享乐。

李纯跟他的老祖宗们一样，奉李聃为远祖，以道教为国教。元和五年（810年），宦官张惟出使新罗回来，讲了个离奇故事：在一座孤岛上，遇一位神仙，这神仙告诉他："唐朝皇帝乃吾友也，烦请传语。"张惟说得天花乱坠。李纯想："我前生难道就是仙人？"从此，他不断下诏搜求天下方士，访求长生不老仙丹。

元和十三年（818年），有人推荐方士柳泌，说他如何如何灵验。李纯大喜，立即命柳泌进京炼丹。炼了一段时间，报告："听说台州天

[①]《资治通鉴》卷241，唐纪57，15册，"定祸乱者，武功也；兴太平者，文德也。今陛下既以武功定海内，若遂革弊事，复高祖、太宗旧制；用忠正不疑，屏奸佞而不迩；改税法，不督钱而纳布帛；绝进献，宽百姓租赋；厚边兵，以制戎敌侵盗；数访问待制官，以通塞蔽。此六者，政之根本，太平之所以兴也。陛下既已能行其难，若何不为其易乎……太平未可期矣！"
[②]《旧唐书》卷166，白居易传，32册。

台山是一座仙山，有很多奇花异草。如果陛下让我去那里为官，我能为陛下求得仙药。"李纯居然真的命他代理台州刺史。谏官纷纷反对："从来没有让方士出任刺史的先例！"李纯发怒："烦一州之力而能为人主致长生，臣子亦何爱焉！"从此，群臣莫敢言。柳泌在台州折腾一年，自然还是拿不出什么仙药，只好学他的老前辈——秦始皇的徐福、卢生们，走为上计。他舍不得远遁，只是带着妻儿逃入深山。地方官派兵把他抓回，解往长安。可是李纯不仅没治柳泌的罪，还任命他为翰林待诏，继续炼丹。李纯服了这些"仙丹"有不良反应，一是口渴难耐，二是脾气暴躁时神志不清，狂怒像猛虎。他身边的人真是伴君如伴虎了，宦官、宫女动不动就被他喝令推出去斩首。

第二年负责起居注的官员裴潾斗胆进谏："金石这类东西本来就有毒，经过火炼，更不是五脏所能承受。古时候君主服药臣下必定先尝。方士既然说好，那就请他先服一年，证实无毒有效再献陛下不迟！"李纯看了很生气，贬裴潾，继续服丹。元和十五年（820年），李纯服药后果然暴死，年仅42岁。《伊索寓言》中有一个故事：一个农夫牵头驴过悬崖，怕它掉下去，总要往里拉一些，可那驴坚决不肯，偏要往外挣一些，争执中，结果驴掉下去，农夫叹道："你胜利了！"看来，李纯也胜利了，彻底战胜了裴潾们！

有人说李纯是宦官陈弘志杀的，不是空穴来风。作为如此天大命案的嫌疑犯，陈弘志不见于什么历史记载。他的作案动机——如果凶手真是他的话，很可能仅仅是李纯服丹药后脾气暴躁殴打宦官，不意触发"激情杀人"。李纯是太监扶上皇位的，最后又被太监夺命，似乎是某种宿命。太监作乱在中国历史上远不是第一次，也远不是最后一次，但唐朝是在李纯手上开始的。从此，唐朝皇帝的废立都由太监操纵。

更糟的是，继李纯位的太子李恒即穆宗不争气，政务荒废，被李纯好不容易压下的藩镇势力很快重新抬头，"元和中兴"的成果毁于一旦。

当年成德节度使王承宗死，诸将欺新皇帝不务正业，旧病复发，按"老规矩"拥立其弟王承元接管军政大权。李恒默认，只是对几大"军区司令"做统一调整，希望此举能削弱各节度使对原辖区的绝对控制权。调令下去，表面似乎风平浪静。

卢龙节度使刘总虽然被史书写成"性阴贼险谲"，实际上可以算存一些畏惧之心。他毒杀父亲，然后矫父命杀兄，篡位夺权，事后良心发现，老是梦见父兄血肉模糊的鬼魂，被折磨得没办法。刘总突然上表请求出家当和尚。朝廷不知道刘总葫芦里卖什么药，试探性下一诏，任命他为侍中兼天平节度使，同时将宣武节度使张弘靖调任卢龙节度使。刘总只想辞职，一再上疏，言辞诚恳，而且表示愿将家宅捐为寺。李恒这才下诏赐刘总法名大觉，赐寺名报恩，赠一套僧衣。同时还送他天平镇的旌节斧钺，暗示他如果反悔随时可以走马上任。不料，诏书还没到，刘总已剃度，还杀了十几个挽留他的人，连夜逃出，不知去向。几天后他的尸体在河中被发现，自杀他杀不明。

刘总临走之前上奏朝廷，主动要求把卢龙一分为三，并推荐3个可靠的人选，献1.5万匹良马。如果李恒能抓住这个机会，将卢龙彻底改造为中央直辖区，那么中央对河北藩镇的约束力将大大增强，很有可能进而根除藩镇之乱。遗憾的是李恒没有采纳刘总的建议，只是把卢龙划成两个辖区，其中大部交给张弘靖。张弘靖绝对可靠，问题是文官出身，讲究繁文缛节，让那些骄兵悍将很反感。

张弘靖宠信的部将韦雍更让人怨恨，不但克扣粮饷，甚至当面对士兵说："现在天下太平，你们能拉两石重的弓，还不如认识一个'丁'

字！"一天，韦雍出行，一个低级军官不小心冲撞了韦雍的卫队，他立刻命人把那小军官拖下马，逮捕下狱。当天晚上士兵哗变，冲进张弘靖的府第抢掠，囚禁张弘靖，杀了韦雍及多名幕僚和军官。次日，张弘靖又闭口不肯谈判，乱兵们只好拥立朱克融为卢龙留后。

消息传到长安，李恒匆匆罢了张弘靖，将昭义节度使刘悟调任卢龙节度使。可是，刘悟不干。几日后，成德也发生兵变，部将王庭凑率众杀了从魏博调来的节度使田弘正一家老小及幕僚、将吏300多人，自任留后，上表请求朝廷任命。

田弘正是朝廷树的一面旗帜，这么多年号召"藩镇学田弘正"，怎么能如此下场呢？李恒很愤怒，命魏博等几大军区一同出兵，共讨叛贼王庭凑和朱克融。魏博节度使李愬悲愤难当，立刻穿起丧服，率军出征。可是刚开路，李愬突然病倒。李恒只好任命田弘正的儿子、前泾原节度使田布为魏博节度使，让他为父报仇。王庭凑和朱克融毫不示弱，纵兵在易州一带烧杀掳掠。

征战才两个月，国库银告罄。宰相们说："王庭凑杀田弘正，而朱克融留了张弘靖一命，罪有轻重，请赦免朱克融，集中歼王庭凑。"李恒即任命朱克融为卢龙节度使。这是李纯之后第一次对藩镇妥协，而有了第一次，就很容易有第二次、第三次……河北三镇相继脱离中央，重新回到半独立状态，即使在"会昌中兴""大中中兴"时期朝廷也不得不予以默认，直至唐朝灭亡。

末了，且评说几句。

李纯在位15年，有中兴之志，有革数十年积弊之勇，更重要是有知人善任之术。他身边不乏能人，如杜黄裳、李绛、裴度为他运筹划谋,总举大纲;高崇文、李愬、李光颜等为他南征北战,平定四方;杜佑、白居易、韩愈等为他舞文弄墨,章制诏敕。唐朝后期,再没有这样人才济济的局面。

最让我感动的是裴度。征讨淮西,几年不下,文武百官纷纷打退堂鼓,裴度自己也被暗杀负伤。在这种情况下,他依然坚持主战:"淮西不平,两河不安,犹如人有心腹之疾,终将成大患。"让李纯不失信心。裴度并非光卖嘴巴,而是主动请缨到前线督战,大有"风萧萧兮易水寒,壮士一去兮不复还"之悲壮。正是他发现、起用卑微的李愬为西路统帅,并撤了成事不足、败事有余的监军太监,让李愬能够自由发挥军事天才,才使得雪夜奇袭成功,一举夺取削藩战争关键一仗的胜利。

当然,最关键的还是李纯。早在即位之初,他便与宰相杜黄裳论过君臣问题。他说:"自古以来,有些帝王勤勤恳恳政绩卓越,可也有些帝王端身拱手,无为而治,究竟怎样好?"杜黄裳认为问题不在于帝王是否勤政,而在于是否能用人,"夫人主患不推诚,人臣患不竭忠。苟上疑其下,下欺其上,将以求理,不亦难乎"[①]!李纯深有同感,付诸践行。

如果李纯像朱由检就惨了!朱由检也有中兴之志,且很勤政,却被史家称为"不是亡国之君的亡国悲剧"。电影《大明劫》中明军将领孙传庭抱怨说:"他李自成可以失败十次一百次,我孙传庭一次都输不起。"的确如此。朱由检的原则是"错一事则罢一官,丢一城则杀一将",挑选了大量的官员。然而,他却还是落得"有人而无人之用,有

---

① 《资治通鉴》卷237,唐纪53。

饷而无饷之用，有将不能治兵，有兵不能杀贼"①的绝境，成了十足的孤家寡人。如此，他的人气愈发变得不如李自成了。

袁崇焕挂帅辽东，采取"用辽人守辽土，且守且战，且筑且屯"的战略，使清军3年裹足不前。在阉党干扰下，兵部尚书高第自毁辽东防线，关外只剩袁崇焕镇守的宁远一座孤城，清兵大举围攻。朝廷与山海关诸将都以为宁远必失，不发救兵，而袁崇焕拒不投降，"慴服众志"顽强奋战，反而使清军惨败逃回。努尔哈赤叹道："我25岁起兵以来，战无不胜，不想今天吃了袁蛮子一大亏！"接下来，清军换一手，让明军拾到《满州国主致袁督帅麾下》函。朱由检派心腹太监出城查访，被清兵逮住，请他们喝酒，席间说与袁崇焕如何联系，太监逃脱回来"如实"汇报。朱由检相信袁崇焕投敌，中离间计，将他处以凌迟之刑——活活剐3000多刀，当时的京师民众疯狂抢购这"卖国贼"的肉，以致限定一人只能买手指头那么小一块。②一位大将军就这样活生生给剐进了千万人之口，其惨烈你拿根细细的缝衣针轻轻戳一下自己的指头便可以想象。想象一下袁崇焕挨那3000多刀，还会有几个人愿意替朱由检卖命？

李愬"投敌"证据更是确凿。各军每天都有报告，说李祐是敌人的奸细，而李愬不仅重用他为军官，而且与他同床彻夜密谈。当时军中有明令：让敌人奸细留宿的，杀全家。在这种情况下，李纯依然信任李愬，送回李祐，放手让李愬密谋奇袭，果见奇功。史书评曰："愬俭于奉己而丰于待士，知贤不疑，见可能断，此其所以成功也。"③否

---

① 《明史》卷255，刘宗周传，62册。
② 《明季北略》，卷5，《逮袁崇焕》，"百姓将银一钱，买肉一块，如手指大，嚼之。食时必骂一声……"
③ 《资治通鉴》卷240，唐纪56，15册。

则，要是像朱由检那样轻信，李愬哪能逃脱"通敌罪"？那样，也没有雪夜奇袭之捷了，吴元济很可能继续顽抗下去，还非常可能进而逆转整个削藩形势（历史证明这假设并非没可能），就此断送大唐也不是没有可能。

第四章

会昌中兴

> 提要

唐武宗李炎任期虽短（840—846年），但大幅裁官，将贪官与"十恶"相提并论，大禁佛教，抵御外敌，国势大振。

假如李炎像胡亥，让邪恶的"恩人"牵着鼻子走，非常可能也变得好猎声色，更可能无法平息藩镇的反叛与回鹘的侵扰，唐朝的末日不也可能提前于此时吗？

来龙：皇帝勇敢地玩乐

帝王往往享乐过度，乐而忘忧，置"天命"于不顾。晋大臣傅咸警告说"奢侈之费，甚于天灾"，可是没几个帝王放在心上。李纯的儿子李恒就如此。

李恒继位那年已经25岁，一般人大谈理想抱负并为之拼搏的大好时光，当然也是挥霍青春的大好时节，他选择后者。李恒是第三子。长子意外病死，最受李纯宠信的太监直到最后都在努力立次子，只因李恒的母亲非常强势，最后占上风。应该说机会来之不易，李恒懂得珍惜，只遗憾不是用于事业。李恒当上太子那年17岁，换言之又接受了长达8年的接班人专业培训，放到现代博士也该毕业了，他却仍然没有培养出一颗爱国、爱岗与爱民之心。

李恒爱好广泛，例如狩猎、马球、酒宴等，唯独不爱朝政。著名的华清池，也称"华清宫""骊山宫"，那是李隆基和杨贵妃的风流别宫，现代还游人如织。但在"安史之乱"后，唐帝很少去那里，都怕犯忌。李恒却不顾晦气，特别爱去。大臣进谏："眼下北边吃紧，形势多变。如果有紧急奏报，陛下却不在宫中，如何是好？"李恒回答："朕决意成行，你们就不要再烦朕了！"他还是带着上千人马浩浩荡荡去享乐，置国家安危于不顾。李纯取得了政治、军事的胜利，但也耗空了国库。如今再经李恒一番挥霍，财力更是吃紧。藩镇无视中央的局面在李恒手上就死灰复燃，毫不奇怪。

也许李氏祖先在天之灵看不过去，李恒在一次打马球的时候坠马，进而中风，一病不起。他感到绝望，令太子李湛监国。李湛这年才15岁，因此宦官请郭太后临朝执政。这郭太后是著名贤臣郭子仪之孙女、升平公主之女，一听发怒："当年武后称帝，几乎亡国。我家世代忠义，岂能跟武后同日而语？自古以来有女子为天下主而能创盛世的吗？"[①]说

---

① 《资治通鉴》卷243，唐纪59，15册，"昔武后称制，几危社稷。我家世守忠义，非武氏之比也。太子虽少，但得贤宰相辅之，卿辈勿预朝政，何患国家不安！自古岂有女子为天下主而能致唐、虞之理乎！"

着，将送来的文件撕了。这郭太后显然是书读多了，未免迂腐。太监干政没好事固然至理，可是女人执政并不一定坏事。即使武则天，虽然以铁的手腕对付或公开或暗中的反对派，但她不拘一格选用人才，她在位期间尽管宫内血泪飞溅，宫外仍然太平安宁，一些史学家称之"乱上而未乱下"，不仅无外患之忧，而且在经济、文化方面都有较大发展，被誉为"武周之治"，并非像有些人所贬也即郭太后印象那么糟。假如郭太后勇于担当，那政局非常可能比由顽童似的李湛来主持要好些。

长庆四年（824年），李恒病死，李湛继位，即敬宗。李恒有5子还在世，其中3个先后做皇帝，即李湛、文宗李昂、武宗李炎，这在唐朝历史上绝无仅有，算是李恒这辈子最大贡献。但我想如果说一个人生子女是最大贡献，实在不是什么表扬。

李湛跟他老爹一样贪图享乐，有过之而无不及。其实，古代公务员比我们现代更辛苦。从《诗经》看，鸡鸣便要起床，摸黑穿衣，连奔带跑去上班。唐朝差不多，也是得摸黑穿衣上朝。前文有述，宰相武元衡就是点着蜡烛在上班路上被刺杀的。当然也有例外，如李湛的老祖宗李隆基就"春宵苦短日高起，从此君王不早朝"①。如果李隆基能坚持早朝，多些精力在政务上，"安史之乱"也许不至于发生。可是什么政绩也没有的李湛，李隆基开创盛世的本事没学，不上早朝的毛病倒学了，日上三竿还不上朝，有的大臣等不住昏倒在地。在大臣催促下，他才姗姗而来。大臣刘栖楚痛心地说："陛下以少主，践祚未几，恶德流布，恐福祚之不长也……头叩龙墀，血流满面。"②李湛不能不感动，表示纳谏，但坚决不改。当时在浙西为官的李德裕进谏《丹扆六箴》，一是

---

① 白居易：《长恨歌》。
② 《新唐书》卷175，刘栖楚传，37册。

《宵衣》，讽李湛上朝太少太晚；二是《正服》，讽李湛服饰车马有违祖法；三是《罢献》，讽李湛到处搜求珍物玩赏；四是《纳诲》，讽李湛不听忠臣之言；五是《辨邪》，讽李湛宠信小人；六是《防微》，讽李湛随意外出游玩。李湛读了有些感动，表扬一番，但一样不改。大臣劝他不要去骊山游幸，明说："从周幽王以来游幸骊山的帝王都没好结果，秦始皇葬在那里，秦至二世而亡，玄宗在那修行宫而安禄山乱，先帝（李恒）去了一趟，回来就驾崩……"李湛听了，竟然说："骊山真有那么晦气吗？我更想去试试了！"

李湛勇敢地玩乐，疏于朝政，宫中多次发生凶案。长安街头算命先生苏玄明为染坊役夫张韶算一卦，说："张兄你命中有大福大贵啊！你应当坐在金銮殿上跟我喝酒。当今皇上白天打球，晚上猎狐，忙得不可开交，大都不在宫中，我们可以去试试！"他们纠集100余名流氓地痞小混混去闯宫，吓得正在打球的李湛慌忙躲到军中去，而张韶们真的在清思殿过了一把皇上瘾，坐在御榻上喝几杯，感觉好极了。张韶高兴说："一切果然像你算的卦一样！"苏玄明提醒说："你以为进宫来真的只是一顿饭吗？"

张韶之乱很快被平息，但李湛夜路走多了难免碰上鬼。宝历三年（827年）的一天，李湛打夜狐回宫，兴犹未尽，又与宦官刘克明等28人喝酒。酒酣耳热，李湛入室更衣，大殿上灯烛忽然熄灭，刘克明等人将李湛杀了。这种帝王被谋杀，很难说是国之不幸。

刘克明杀李湛后，伪造遗旨，迎李恒之子绛王李悟入宫继位。两天后，另一派宦官王守澄等指挥神策军杀了刘克明和李悟，另立李昂为帝，即文宗。

李昂这年18岁，倒是很想干一番事业，一即位就去奢从俭，减宫女3000余名，五坊鹰犬除少量校猎外均放出，教坊与翰林院也裁员1200余人。李湛每月上朝不过一二日，李昂恢复传统，每一三五七九单日上朝。当然，相对来说这都是些鸡毛蒜皮，最严重的问题何在，路人皆知。大和二年（828年）策试举人，有位名叫刘蕡的考生直言不讳指陈：委天下大政于五六宦官，国家沦落至"将危""将倾""将乱"的境地，再不改革，必然"祸起萧墙，奸生帷幄"，建议恢复唐初政策：宦官不授三品以上高官，不涉政事，而只负责门卫、庭内扫除杂事。对此，考官们无不叹服，却没人敢录取。李昂不是傻瓜，明白刘蕡这话切中时弊，但也不敢公开录用他，只能暗暗决心像刘宋刘义隆那样，尽快将宦官的嚣张气焰压下去。他也清楚宦官一手遮天，身边没几个人可信赖。于是，他新提拔贫寒出身的宋申锡为宰相，密旨暗中掌握军队来除宦官。不想这宋申锡太忠厚，走漏风声。势力最强的宦官王守澄马上反击，诬宋申锡暗中联合漳王李凑谋反。李昂心里刚好对李凑早有疙瘩，一听大怒，立即下令斩宋申锡。经其他大臣劝谏，才发现上当，但宋申锡仍死于贬所。后来每提起此事，李昂便"流涕泫然"。一个皇帝落到这般境地，令人不敢相信。

李昂不甘失败，改变策略。当宦官从民间引进身怀祖传秘方的医生郑注时，李昂将赌注押到他身上，发展为自己心腹。郑注又带来他的好友李训。李训是民间道士，不引人注目，宦官也没在意。郑注和李训人轻言微，可他们智商与情商并不低，与李昂3人凑成一个诸葛亮，巧妙利用宦官派系相互间的重重矛盾，步步得手。

王守澄曾3次操纵皇帝废立，又掌控神策军大权。一般来说，擒贼先擒王，应当先除王守澄。可是，鉴于自身力量薄弱，郑注和李训倒是依靠王守澄，先帮他清除对手，成为他的亲信。李训很快高居相位，郑注则成为凤翔节度使。然后，他们用一杯毒酒神不知鬼不觉将王守澄除掉了。李昂与郑注、李训进而密谋利用王守澄出葬机会，将以仇士良为首的宦官集团一举全歼。没想到，郑注去凤翔搬兵的时候，李训却生异心，另设圈套抢先灭仇士良，想独占大功。

大和九年（835年）一天早朝时，有人奏报禁军院内石榴树上夜降甘露。甘露是甜美的露水，向来被视为吉祥的象征。为此，李训立即建议李昂前往观看。李昂要乘轿没法说走就走，命李训先去。李训回报说那水未必是甘露，不可轻易宣布，否则天下军民来庆贺发现有误那可不好。于是，李昂又命仇士良多带几名宦官去查验。仇士良不知是计，欣然应允，可他一进禁军大门就敏锐发现有异，这时刚好又一阵风过，吹动帷幕，现出幕后的伏兵，他立即夺门而出。这些久经阴谋的宦官个个不笨，直奔含元殿，七手八脚将李昂抬起就逃，入宣政殿紧闭宫门。然后逼李昂下诏，神策军四面搜捕李训及其手下，对市民也逢人就杀。郑注到凤翔搬了兵，途中听说李训失败，只得返回凤翔，但监军已在那里埋伏重兵，郑注被杀。其他被杀官吏还有六七百人，同党1000余人，血流成河，史称"甘露之变"。一举全歼宦官集团的谋划失败。

中国历史上，宦官完全把持朝政、最为专横跋扈是东汉、唐和明朝，而且都是后半期，这说明太监风光是王朝衰亡之兆。唐朝宦官猖獗始于李隆基给高力士授高官，至"甘露之变"步入高潮。他们一点也不以生理缺陷为耻，而公开炫耀自己的权力，自称"定策国老"（意指可废立皇帝的元老），而将皇帝贬为"门生天子"（作为学生的天子）。从此，宦官与朝臣之间的斗争此起彼伏，没完没了。因为衙署在宫城之南，内侍省在宫城之北，所以又称"南衙北司之争"。

"甘露之变"失败，李昂落入宦官之手，名为皇帝，实为囚徒。偏

第四章　会昌中兴

偏他多愁善感，心情非常郁闷。他常在宫中独自徘徊，叹息不已。他曾对宰相诉衷肠："朕读史书时，每每以做平庸君王为耻。朕可与你们谈论国家大事，却心有余力不足，只能退朝后拼命喝酒，麻醉自己。"一次与翰林学士周墀闲聊，李昂问："朕可以同前代哪些帝王相比？"周墀恭维说："陛下有同尧、舜！"李昂叹了叹说："我想问的是，朕与周赧王、汉献帝相比如何？"周墀吓了一跳："周赧王、汉献帝都是亡国之君啊！陛下大圣大德……"李昂正色说："他们只是受制于强大诸侯，朕如今却受制于宦官家奴，还不如他们！"说着落泪如雨，君臣失声痛哭。从此，他不再上朝，直至开成五年（840年）初郁郁而死，太弟李炎继位。

最大看点：整治官场

李炎是想干事的。他在"就职演说"中宣布：本年二月八日之前，除了十恶不赦、背叛国家、故意杀人、贪赃枉法者，其他不管罪行轻重，一律释放。会昌二年（842年）李炎加尊号后，又宣布大赦，但重申将"官典犯赃"与十恶、故意杀人等罪行并列，不在大赦之列。会昌五年（845年）又一次大赦，再次重申贪腐的官吏除外，并强调除去恶人，进贤纳士，通畅政令，惩治贪赃枉法。将贪赃枉法与十恶、叛国、杀人之罪相提并论，可见李炎对廉政工作重视到何等程度，也足见当时官场腐败严重到何等地步。

李炎加大对贪腐的打击力度。第二年下诏：朝廷刑罚，理当一视同仁。官吏贪赃枉法，不应该有特殊待遇。内外文武官收赃物丝绢30匹，一律处极刑。不久又下敕，对官吏贪污满千钱的，即处以死刑。行文至此，我不由想起当时大文豪柳宗元的《哀溺文》，说五六个人乘小船渡湘江，途中船破，只得下水游渡。不想一个平时最会游的落在后面，为什么？同伴问。他说："我腰上缠着1000文钱呢，挺重，游不快！"同伴说："为什么不扔掉呢？"他摇摇头。一会儿更游不动了，已到岸的同伴大呼："快把钱扔掉！都快淹死了，还要钱干什么？"他又摇摇头，于是淹死了。虽然是在岸上，如果来路不正，1000钱也能让人丢命。古代钱币换算，大约为：1两黄金=10两白银=10贯铜钱=10000文铜钱。1000文钱才折合1两银子。李炎惩贪，比朱元璋那贪60两银子处死的力度大得多，连苍蝇也打了。

官场腐败，首先是制度问题。贪婪是人的本性，即使再好的盛世，也不能灭绝官员贪婪的本性，而只能从制度上遏制。制度有问题，贪腐非泛滥不可。唐朝官员薪水不高，有些尚不能养家糊口，还有些地方不能及时发放，这就难免助长贪腐。为此，李炎即位不久就调高百官工资。第二年有奏：河东等较远地区应适当多加工资；同时，要及时发放，由各地观察判官监督，按月发，不能拖欠挪用；如有违规，应当追究观察判官的责任。李炎同意。还有一个现实问题：自古以来很多人都是借钱进京赶考（称"京债"），为官后急于还债，以至贪赃枉法。为此，特许由朝廷借款给他们偿债。

但是，李炎关心有度，以不奢靡为底线。他上任当年就下诏，严禁官员无节制地游宴，并取缔进士曲江集宴。曲江在西安城区东南部，唐代皇家园林，有曲江池、大雁塔等胜景。唐时有个传统，放榜之日在这里举行大型宴会，皇帝亲自参加，新科进士与皇帝及王公大臣一边观赏池边天光水色，一边品尝宫廷御宴，盛大隆重，令人终生难忘。李炎不惜拿这传统开刀，狠刹奢靡之风。此禁影响到众多人的眼福、口福及荣耀，自然招致不满与非议。

此外，还得说说藩镇问题。

会昌元年（841年），卢龙军人哗变，部将陈行泰杀节度使史元忠，自主留后，请求朝廷认可，李炎拒绝。时任宰相李德裕建议："如果数月不理，他们很可能自乱脚阵。"果不其然，不久传来新消息，部将张绛杀了陈行泰，又请中央任命。朝廷再故意拖延，随后，出兵进击张绛，很快平定。

会昌三年（843年），昭义节度使刘从谏病死，其侄刘稹想按惯例要求继任。当时忙于外战，因此宰相多主张同意。李德裕力排众议，主张讨伐。他说："昭义与河朔三镇不同。河朔之乱已久，一时难以教化，不得不迁就些。昭义地处中原，一向忠义。如果也迁就，那么四方诸镇谁不想效仿？"于是决定用兵，令成德节度使王元逵、魏博节度使何弘敬出征。河朔三镇节度使都服从诏令，各道兵马一起进击。李炎吸取历史教训，一是要求各路兵马像尖刀一样直插叛镇的心脏地区，二是要求监军不得干预作战，赏罚与将帅一视同仁。何弘敬可能别有用心，出兵迟缓。李炎果断诏命忠武军王茂元向魏博方向移动，何弘敬大惊，怕内部生变，这才出师向刘稹开战。

这年年底，昭义之战正激烈时，太原横水的兵卒因赏赐不足哗变，推都将杨弁为首领，攻占太原。这样一来，朝中乱了手脚，有人建议两地都停止讨伐。李炎派宦官马元实去太原探察虚实，马元实却受杨弁贿赂，回朝虚张声势，说杨弁兵多将广，列队长达15里，且粮草充足，建议不伐。李德裕明察善断，当场问得马元实张口结舌，并建议："杨弁微贱，决不可恕！如果国力不及，宁舍刘稹！"李炎同意，立即下诏进击。结果顺利进入太原，攻入军府，生擒杨弁，平息乱卒。第二年邢、洺、磁三州先后投降。刘稹的部将郭谊、王协见大势不妙，便杀了刘稹，投降官军。平定昭义之乱，是唐王朝对藩镇割据的最后一次胜利。

再顺便说说外事。"安史之乱"后，唐朝独大变为大唐、回纥、吐蕃三地争雄。

和亲，让美女发挥比长城更有效的作用，看似风花雪月，其实为政治的牺牲品，血泪斑斑。唐使者送嫁将归时，太和公主"宴之帐中，留连号啼者竟日"。这时期，偏偏回鹘天灾人祸，政权更迭频繁，让太和公主遭受更多苦难。她在回鹘生活22年，至少嫁3位可汗为后妃。在内战中，太和公主被黠戛斯人俘虏。幸好黠戛斯人自认为西汉名将李陵之后，与唐本为一家，便派人送她归唐。回鹘汗国败亡后，乌介自立为汗。乌介发兵袭击，在途中抢回太和公主，并以太和公主的名义请求唐朝册封。李炎同意，特地派使者前往慰问，许借米3万石，并正式封其为可汗。乌介不满足，不断借粮借兵，还希望大唐帮他复国，根本不体谅大唐这时本身也有难处。没得到满足，乌介就劫持太和公主南下，先后侵掠大同等地。

会昌三年（843年），李炎派石雄率军回击。石雄善于作战，只愁没对手。现在，他用一计，派人从城里向城外挖10余条地道，半夜杀出，直攻可汗的牙帐。唐军到了鼻子底下，回鹘兵才发觉，乌介惊慌失措，弃辎重逃走。石雄追击，在后被称为"杀胡山"的南戈壁决战，斩敌万人，收降2万余，并抢回太和公主。乌介逃走，3年后为部下所杀。从此，强大一时的回鹘汗国分崩离析，两国百年恩怨终于了断，北部边境安定30多年。

再说太和公主回京，先进宫拜见太皇太后，接着参拜父亲和哥哥的神位，然后换下盛装痛哭流涕，自言辜负重托，没完成和亲使命，请求降罪。李炎派人安慰，封她为"定安大长公主"。她那些异母姐妹心生嫉妒，7位公主居然抗命不肯出迎，回宫后也不去看望。李炎大怒，下令罚夺封绢，并记载于史，诏示后世。

"安史之乱"时，西域的大部分唐军被抽调回内地，只留少数，坚持40多年后即李纯时期也退出。回鹘汗国覆亡后，黠戛斯占据安西和北庭，但有意将此两地交还给唐朝。李德裕等人反对："安西离京城长安7000多里，离北庭5000多里，在那重设都护府，得1万士兵驻守。耗费这么多人力物力去换一个收复失地的好名声，恐怕不妥。"李炎便搁置。由此可见，李炎并不是一个盲目贪图武功的帝王。

去脉：皇上忙着修仙去了

李炎似乎受李昂压制太久，迫不及待想报仇。李昂尸骨未寒，李炎的身份还只是皇太弟，仇士良建议令杨贤妃、安王李溶、陈王李成美自尽，他同意。仇士良怨恨李昂，建议凡是曾受李昂宠信的人都要诛杀或贬逐。大臣们大为惊恐，建言说："陛下应当尽快举行先皇丧礼，尽早商议国家大政，以便安抚天下。可现在没几天就杀这么多人，全国各地的官吏都心惊肉跳，也伤害先皇在天之灵。如果那些人真有罪，等十天半个月先皇入棺大殓后再追究也不迟啊！"李炎不听。从这一点看，李炎这人骨子里是个暴君。

李炎显然还小心眼，对于没及时、没直接让他当皇帝耿耿于怀。他要肃清李昂宠爱的"牛党"，贬出宰相杨嗣复、李珏，紧接又派员追杀。李德裕等大臣看不过意，一起哭着请求赦免。李炎还不情愿："看在你们面子上，且饶他们一命！"随后又开始唠叨："朕继位的时候，那些人何曾想到我？李钰他们想的是陈王李成美，杨嗣复他们想的是安王李溶……"李德裕劝道："那只是传闻，是真是假谁知道呢？"李炎这才派人去追回杀手，但仍然要再贬一番才解恨。如此皇帝能不令人恐惧？幸好他早死！对李炎这类帝王而言，早死不能不说是一种幸运，既是国家之幸，也是他本人之幸！否则，在位稍久，难免不造成更多更大的悲剧，与中兴的美名就无缘了。

李炎过度迷信道教，常跟道士往来，还重新任命臭名昭著的赵归真为"道门教授先生"。李德裕进谏："不可亲近此人！"李炎不以为然："放心，即使一百个赵归真也不能迷惑我！"李炎太自信了，乐在其中。李炎灭佛，有李德裕之功，也少不了赵归真之功。会昌六年（846年），丹药炼成，李炎迫不及待服用，却顿感不适，继而狂躁，喜怒无常，话都不能说，当月崩，年仅33岁。他选的继承人李忱出类拔萃，紧接开创"大中中兴"，弥补"会昌中兴"太短之憾。

末了，且评说几句。

中国史上"三武一宗"灭佛运动，李炎为其中一武，不能不说。

李炎一上台就淘汰部分僧尼，开始拆毁小寺山房、兰若等，并对僧尼活动做一些限制。

第二年加强对僧尼的管理，遣"保外无名僧"，不许置童子沙弥，令原来杂工巧匠和不修戒行的僧尼还俗。不许僧尼无限占有奴婢，限定僧留奴一人，尼留婢二人。令逃兵、罪犯、娶妻等违反佛教戒律的僧侣必须还俗，并没收其财产。同时禁止僧尼步出寺院大门。仅长安城内就有约3500人还俗。

第三年加强对外国僧人的监管,要求申报留居理由。当时留居长安的外国僧人约21名,主要来自天竺、师子国(今斯里兰卡)、新罗和日本等。对其他外来4教即祆教、摩尼教、景教和伊斯兰教,也采取相应措施:令所有的大秦寺(景教寺庙)和摩尼寺一并撤毁;逐穆斯林,被逐者多半死于道上;京城女摩尼70人,无从栖身的自尽;景僧和祆僧2000余人,放还俗。

第四年拆天下山房、兰若、普通佛堂和村邑斋堂,僧尼一律还俗,送归原籍。不许供养佛牙,除代州五台山及泗州普光寺、终南山五台寺、凤翔府法门寺等有佛指骨之处,严禁供养和瞻仰。如果有人送1钱,或僧尼在这些地方接受1钱施舍,均背杖二十。

第五年即会昌五年(845年)进入高潮。七月,先毁山野大小寺庙,然后诏令上都、东都各留2寺,每寺可留僧30人;其他州各留1寺,上等寺可留僧20人,中等寺可留僧10人,下等寺可留僧5人。其余僧、尼及大秦穆护(摩尼教)、祆教僧人也一并返俗。除经许可保留之外的寺庙,即由当地官府负责拆毁,其财产、田舍没收入官,拆下的建筑材料用于修葺官舍和驿舍,佛像铜材、钟磐等器熔化后用于铸币。八月,诏令宣告佛教的危害,公布全国共拆佛寺4600多座,勒令还俗僧尼26.05万人、大秦穆护和祆僧2000多人。为此,百官奉表称贺。①

一般认为中国史上四次灭佛的总体原因,一是物极必反,佛教发展过快过猛,招致道家和儒家不满;二是影响经济,一方面空耗财力,另一方面减少生产劳力。

---

① 《资治通鉴》卷248,唐纪64,17册。

我个人同意经济原因说。因为杨坚崇佛，被北魏打压的佛教很快又流行起来。唐初全国僧尼10多万，直接影响到官府赋税，李渊便采取限制措施，淘汰大批。然而，武则天宣布"以释教开革命之阶，升于道教之上"①，佛教几乎变成国教。当时大臣担忧："今天下之寺盖无其数，一寺当陛下一宫，壮丽之甚矣！用度过之矣！是十分天下之财而佛有七八，陛下何有之矣！百姓何食之矣！"②为此，李隆基也采取过一些措施。可后来代宗李豫甚至允许僧徒出入宫廷，在宫中供佛诵经，以致大臣"每侍上从容，多谈佛事。由是中外臣民承流相化，皆废人事而奉佛，政刑日紊矣"③。李昂也曾不安，说"古者三人共食一农人，今加佛、兵，一农人乃为五人所食，其间吾民尤困于佛"④。李德裕还出于对儒家的情结抨击佛教"弃五常之典，绝三纲之常，殚尽财力，蠹耗生人"⑤。泗州原有"戒坛"，即僧徒传戒之坛，剃度僧尼，有人借机聚敛钱财，因此李纯时期诏令禁止。到李湛时期，以皇上过生日为由，请求重开戒坛，四方人士云集，当地官员大发横财。当时在浙西为官的李德裕了解此情，急忙上书：当地人家有3个丁男，必让1个削发出家，以逃避徭役。这种现象如果不加以禁止，拖到陛下诞辰日的话，估计两浙、福建会损失60万劳力！

早在李昂时期，就有大臣反映"僧尼猥多，耗蠹公私"的问题，并曾经"诏所在试僧尼诵经不中格者，皆勒归俗。禁置寺及私度人"⑥，对

---

① 《资治通鉴》卷204，唐纪20，12册。
② 《旧唐书》卷101，辛替否传。
③ 《资治通鉴》卷224，唐纪40，14册。
④ 杜牧：《杭州新造南亭子记》。
⑤ 转引自孙亦平：《李德裕与中晚唐茅山道教》，《宗教学研究》，2020年第4期。
⑥ 《资治通鉴》卷248，唐纪64，15册。

佛教进行严格管理与限制。李炎即位后，接连出兵反击回鹘、讨伐昭义，财力吃紧，加之他信奉道教，对佛教本来就没好感，很自然要打击耗费天下财物的僧尼。史书明确说：李炎"恶僧尼耗蠹天下，欲去之"①。通过禁佛，国家编户增加近百万，纳税田地增加数千万顷。

任何一位领袖都不是孤家寡人，单枪匹马，李炎也不例外。当昭义节度使想按老惯例继任时，因为忙于外战，宰相多主张同意，是李德裕力排众议："昭义与河朔三镇不同，如果也迁就，那么四方诸镇谁不想效仿，天子威令怎么维持？"于是决定对昭义用兵。太原横水的兵卒因赏赐不足哗变，推都将杨弁为首，攻占太原。这样一来，朝中乱了手脚，有人建议两地都停止讨伐。当李炎委派的宦官马元实被叛军收买，回朝为杨弁虚张声势，建议不可讨伐时，又是李德裕明察善断，力主讨伐。仅这两例就可见李德裕在李炎平藩斗争中所起的关键作用。实际上，惩贪、禁佛等重大举措也多是李德裕的谋策。李炎要加封李德裕为太尉、国公时，李德裕坚决推辞。李炎叹道："只恨没有更好的官爵奖赏你！"王夫之评论说，李炎如果不早死，李德裕如果不被贬，唐朝完全可以复兴。②

如果李炎没重用李德裕，最大可能是重用仇士良。仇士良显然也是个能臣，但绝非善良之辈。他在宫中40多年，掌禁军大权并把持朝政20多年，精于驾驭皇帝的权术，深受先皇恩宠。"甘露之变"失败后，挟持李昂，更为专横。他几次要废李昂，当面历数李昂的过失，李昂只能低头不语。李昂病死，诏令李湛太子李成美继位。只因为李成美不是

---
① 《资治通鉴》卷245，唐纪61，15册。
② 《读通鉴论》卷26，中华书局2013年版，"武宗不天，德裕不窜，唐其可以复兴乎！"

仇士良立的，他就杀了李成美，另立李炎为帝。他是李炎的大恩人，于情于理李炎都得重用他。然而，仇士良并非出于公心，他先后杀2王1妃4宰相。如果重用他，李炎只能是个傀儡，朝政只能继续混乱甚至危亡。于是，"帝明断，虽士良有援立功，内实嫌之，阳示尊宠"①，同时起用遭贬的李德裕。

　　仇士良以为李炎是自己扶持的，一切听从他，永远听从他，殊不知只是暂时利用，便更加猖獗，对李炎指手画脚。本来诏令都由宦官经手办理，会昌二年（842年），李炎却直接令李德裕起草诏书削减禁军粮饷。仇士良知道后发怒，威胁说："如果这样，我就带禁军抗议！"李炎毫不示弱，斥责"纯为奸之词"，把他贬为内侍监。他感到很没面子，称病请求告老还乡，但临行给党羽们传授经验：不能让皇帝有空闲，他有空闲就会读书见儒臣，不游玩，我等小人就没机会了；为了我们着想，应当让皇帝贪财好玩，我们就有机会了。②为了让这些小人得志，仇士良公然教唆太监们努力将皇帝往邪路上引，何其恶毒！读到此言，我非常震惊。对于书中"反面人物"的心理描写，往往以为只不过是作者揣测，"嫁祸于人"，从未见如此赤裸裸的虎狼之心。宦官有意将帝王往昏君的方面引导，这是难得的一个铁证。这话传入李炎耳朵，李炎大怒，马上削他的官爵，并抄他的家，只留他一条性命。可他受不了这等羞辱，不久病死。彻底摆脱这样毒恶的"恩人"，是李炎之幸，更是大唐之幸。

　　仇士良很容易让我联想到赵高。赵高与大将蒙恬有怨，便勾结胡

---

① 《新唐书》卷207，仇士良传，37册。
② 《新唐书》卷207，"天子不可令闲暇，暇必观书，见儒臣，则又纳谏，智深虑远，减玩好，省游幸，吾属恩且薄而权轻矣。为诸君计，莫若殖财货，盛鹰马，日以球猎声色蛊其心，极侈靡，使悦不知息，则必斥经术，阍外事，万机在我，恩泽权力欲焉往哉？"

亥、李斯阴谋，篡改秦始皇的遗诏，赐扶苏和蒙恬死，而改立胡亥，并蛊惑胡亥"如果坐天下不能为所欲为，那么天下就成为天子的镣铐"①，又借刀杀李斯，以致天下乱得不可收拾，强大的秦王朝迅速土崩瓦解，胡亥自己也被赵高所杀。假如李炎像胡亥，让邪恶的"恩人"牵着鼻子走，那么非常可能也变得好猎声色而"极侈靡"，更可能无法平息藩镇的反叛与回鹘的侵扰，唐朝的末日不也可能早于此时到来吗？

---

① 《史记》卷87，李斯传，3册，"有天下而不恣睢，命之曰天下为桎梏。"

第五章
大中中兴

> **提要**
>
> 唐宣宗李忱在位期间（846—860年），果断结束"牛李党争"，收复被吐蕃所占领土，一洗200年之耻，取得进一步兴盛。
>
> 不难发现唐朝皇帝统治前三五年大都不错，但"晚年"一个个转身沉湎于得道成仙，而置江山于不顾。皇帝这种职业"终身制"，连皇帝本人也不耐烦。

来龙：二虎不能共一山

本来不想单独写这一章，一是与前一个中兴紧相连，为什么不能合并？"昭宣中兴"就是刘弗陵与刘询两任合并。二是时间太短，"会昌中兴"头尾仅6年，"大中中兴"仅13年，两者合并也只有19年，在中兴当中还是属于短。三是写作体例上出问题，每章前一部分都要花相当篇幅写积弊，也即中兴之前提，可是"大中中兴"之前也是中兴盛世，"积弊"不是得空白？3个理由，够充足。可是认真一想，觉得还是有必要单独写。既然人们分别命名，肯定有所区别。任何盛世都不是完美的，问题是对弊端及时改革，还是积累成患。换言之，没有明显的积弊，也有潜在之积弊。

唐朝的危机早在"安史之乱"就开始了，近百年来没得到彻底治理。"元和中兴"也只有15年，"会昌中兴"则比现代政府一届稍长一些，不可能将百年积弊一扫而净。李炎时期尚未暴露，或者说没来得及处理的积弊，多着呢！

在前一章，我们常看到李德裕的身影。他在这个历史时期太活跃，历史作用太突出了，就像地里的种子，土掩石压都没用。他的身影掩盖着另一个人：牛僧孺。他们分别是两个朋党的代表，压着的也就是另外一大批人，难道那一大批人就不是土掩石压的种子吗？

长庆元年（821年），礼部侍郎钱徽主持进士科考试，前宰相段文昌等给他写信推荐自己的近亲。结果，中书舍人李宗闵之婿苏巢等登第，而段文昌推荐的全都名落孙山。为此，段文昌举报科举不公。李恒询问翰林学士李德裕等人，后者反映举报属实。于是组织重试，原榜14人中仅3人勉强及第，一人特赐及第，钱徽等因此被贬。但有人鸣不平，劝钱徽揭露段文昌写信推荐之事。钱徽笑笑说："我但求问心无愧，得官和贬官都是一样的，怎么能将私人书信公之于众呢？"说着将那些书信全都烧掉，时人纷纷称赞钱徽君子之风。然而，双方矛盾并未灰飞烟灭，朝中从此分裂为两党，一是以牛僧孺、李宗闵为首的牛党，二是以李德裕为首的李党。陈寅恪认为他们两党之间的分歧不仅是政见不同，还包括对礼法、门风等文化传统的态度相异。史学界大体认为牛党是新兴的庶族地主，而李党则是没落的门阀世族。日本学者、东洋史学家砺波护对"牛李党争"，编制了一份63人的名单，其中牛党41人，李党22人。李德裕则称，1/3的朝臣都卷入了朋党之争。

据研究，两党分歧主要有二：一是牛党多数科举出身，主张通过科举取士；李党多门荫出身，主张通过门荫取士。二是李党主张对不听从朝廷的藩镇用兵，牛党则主张姑息迁就。因为政见不同，加上个人恩怨，两党互相倾轧。大体上说，李恒、李湛、李昂时期两党交替进退，李炎时期牛党失势，李党独掌朝政，李德裕独断专行、排斥异己的作风不但为反对派所恨，而且为宦官所不满。如会昌元年（841年），汉江发生水灾，毁了很多房屋，李德裕认为镇守襄阳的牛僧孺有罪，贬他回家赋闲。但总体上看，李党执政功勋卓著，威震天下；牛党执政无所作为，国势日衰。不管怎么说，两派近40年争权夺利，加剧了政治危机，史称"牛李党争"。

也有不同看法。唐史专家岑仲勉认为所谓的"李党"指李宗闵，李德裕属"无党派人士"，理由是李炎即位后，重用李德裕，将杨嗣复、李珏两位宰相罢免，这二人被认为是牛党。但李德裕并没有落井下石，而建议从轻发落。再说李炎也曾慕名想重用白居易为宰相，李德裕则向来讨厌白居易，便说他年老多病，表示反对。但他同时推荐白居易的族弟白敏中，而白敏中被认为是牛党的重要人物。白敏中后来确实参与了迫害李德裕。李德裕确实有功，这在前文已多次可见。

"朋党"原本指一些人为自私的目的互相勾结，朋比为奸，后来泛指士大夫结党。中国自古深受朋党祸害，比如东汉的"党锢之祸"。而唐朝的朋党之祸也早已有之，以"牛李党争"声名最狼藉，柏杨的评论一针见血：

他们像虫蛆一样，没有政治理想，只有私人恩怨，看不到远景，只看眼前一寸的现实利益。个别检查，如李德裕的能力，牛僧孺的道德，都使人人敬。可是，只要一涉及党派，便立刻失去理性。①

李昂曾经常感慨："去河北贼易，去朝廷朋党难！"②"牛李党争"不是第一次朋党之祸，更不是最后一次。清统治者特别怕朋党，《四库全书总目提要》甚至说"夫明之亡于门户，门户始于朋党，朋党始于讲学，讲学始于东林"。难道东林党的负面影响甚于"阉党"与那个顽童皇帝？雍正二年（1724年），雍正帝也撰一篇题为《朋党论》的文章，驳斥欧阳修的"异说"，印发给大臣，意义非同一般。雍正对诸王、贝勒、满汉文武大臣们阐释，如果有搞朋党的，朕绝不宽恕！雍正还杀气腾腾地说："设修在今日而为此论，朕必斥之，以正其惑世之罪。"③ 幸好欧阳修没生在清朝。

李忱是李纯第十三子，而且庶出，按照"嫡长制"原则，皇位根本轮不到他。何况他家族在李纯之后已经有4位皇帝，或父死子继，或兄终弟及，而李忱是李湛、李昂、李炎的叔叔，还有更要命的问题是"宫中皆以为不慧"，被称"疾儿"。小时候，兄弟姐妹们一起玩耍，他从不说话，一副弥勒佛样子，让人取笑。但他因此得福。李炎病危，十来天不能说话。当时谁继位实际上是宦官说了算。宦官相互间争权夺利，对这个"傻瓜"倒是形成共识：因为5个皇子都年幼，无法临朝

---

① 《中国人史纲》中册。
② 《资治通鉴》卷245，唐纪61。
③ 《世宗实录》卷22，《御制朋党记》。

理政，特立李忱为皇太叔，命他暂时处理军国政事。不日，李炎一死，李忱继位为皇帝。没想到，李忱一上台完全变样，人们惊呼"大智若愚"，原来傻痴是装出来的！

李忱不认为自己是李炎的继承人，而是李纯的直接继承人。他指责兄长李恒大逆不道，其3个儿子李湛、李昂和李炎也是逆子。因此，他一上台就全盘否定李炎时期对内、对外方针政策。

最大看点：加强官吏队伍建设

李忱上台第二个月，突然将李德裕贬往荆州，朝野惊骇。不久又起用牛僧孺、李宗闵等5位遭李炎贬的前宰相。他们都是"牛党"，约定同日北返。只遗憾李宗闵命薄，当时遭贬在郴州，还没上路就去世了。至此，人们才明白这是为"牛党"平反。

从个人来看，牛僧孺一是为官清廉，士族韩弘为官时，曾厚贿宦官朝贵，死后朝中派人帮其幼孙清理财产，发现簿上记着一大堆送礼名单，只有牛僧孺名下记着："某月日，送钱千万，不纳。"二是好学博闻，与白居易、刘禹锡等常往来唱和，著有《玄怪录》传奇10卷，鲁迅在《中国小说史略》中说："造传奇之文，荟萃于一集者，唐代多有，而煊赫者莫如牛僧孺之《玄怪录》。"但从政绩看，也许比李德裕逊色些。同时代著名诗人李商隐称李德裕"成万古之良相，为一代之高士"，梁启超则将他与管仲、商鞅、诸葛亮、王安石、张居正并列，称为中国古代六大政治家之一。两人如果能共事，取长补短，该是国之大幸。偏偏他们如二虎不能共一山。在李炎、李忱时期，他们分别辅政，都开创了盛世，只是他们个人都为此吃尽了苦头。

李忱喜欢用奇才异政之士，特别偏好著名文人。他上台后首先想用的宰相是有着"诗魔"之誉的白居易——这一点倒没跟李炎对着干。只可惜太晚，下诏时白居易已病逝8个月，他只能写一首诗，说每一次想到你，朕都怆然泪下。①诗将这位帝王对诗魔沉痛的惋惜之情表达得淋漓尽致。

　　意犹未尽，爱屋及乌，李忱提拔白居易的堂弟白敏中为宰相。在这件事上，李德裕也是有恩的。想不到李德裕遭贬后，白敏中为保自己官爵，极力诋毁李德裕，使他又被贬至潮州，再贬至崖州当一个小小的县令，直至850年死于贬所。白敏中其他品行尚可，唯此忘恩负义、落井下石让人诟病迄今。

　　在为"牛李党争"定调的同时，李忱从多方面加强吏治。李炎任期虽然只有五六年，但盲目提拔亲信，高官泛滥，李忱接手后不得不严格控制。当时三品以上服紫，四品服深绯，所谓赐紫赐绯即升为高官。李忱有时半年没赏出一件。

　　当时地方最高长官是刺史。李忱规定：刺史人选初定后，须入宫接受他的面试，亲自敲定。他还常乔装成农民到民间私访，并指示编纂一本《处分语》，记载各州户田亩、山川风物、人情民俗之类，也许算是地方志的前身，以供随时查阅。他说："朕以为刺史多不得其人，而为害百姓，故要一一面见，询问其如何施政，以此了解其优劣。"②规定刺史任期届满，所治州县户口增1000户可以提拔，逃亡700户不仅得罢免，而且3年内不得任职。

　　李忱对于他的"恩人"——宦官，如同刘义隆，皇位要，杀父之

---

① 李忱：《吊白居易》，"缀玉联珠六十年，谁教冥路作诗仙。浮云不系名居易，造化无为字乐天。童子解吟长恨曲，胡儿能唱琵琶篇。文章已满行人耳，一度思卿一怆然。"
② 《资治通鉴》卷249，唐纪65，15册，"朕以刺史多非其人，为百姓苦，故欲一一见之，访问其所施设，知其优劣以行黜陟。"

仇也要报。李纯说是死于仙丹,其实死于宦官之手,据说郭太后与李恒母子也涉嫌。因为没证据,李忱不便公开报复。郭太后感到受冷落,登勤政楼想自杀。李忱听后,非常生气。当夜,郭太后突然身亡,人们怀疑是李忱所为。当礼部按惯例要将郭太后安葬在李纯墓旁时,他勃然大怒。大臣王皞斗胆辩解:"太皇太后是汾阳王郭子仪孙女,李纯做太子时就是正妃,为天下国母五朝,岂能不明不白突然废止礼仪?"王皞说得义正词严,不但没用,反而被贬为县令。

李忱追究弑父党徒,杀戮和流放众多宦官、外戚及当时的东宫官员。李忱也久有灭宦官之心,为"甘露之变"扼腕长叹,认为李训、郑注也是小人。除此二人,当时所有死于宦官之手的朝臣全都予以平反昭雪。宰相令狐绹建议:对宦官有罪必究,有缺不补,待其自然消耗,以至于尽。这奏章不意被宦官发觉,导致反扑,但没"甘露之变"那么激烈。宦官知道李忱不好对付,只得收敛。李忱也没进逼,只要他们别太过分就行。

李炎喜欢看戏,一些乐工、演员仗着他的宠爱胡作非为,甚至干政,影响极坏。李忱上台后,狠刹此风。祝汉贞以演滑稽戏出名,李忱也宠爱。有次,祝汉贞演出时突然触及时政,李忱立即翻脸,怒道:"朕养着你们,只是为了开心,怎敢干预朝政!"从此疏远他,后来还因其子贪赃事发将他流放。乐工罗程弹得一手好琵琶,也深得李忱厚宠,他却放肆得很,竟敢因琐事杀人。乐工们为他求情,说他有绝技。李忱说:"你们可惜罗程的艺,朕可惜的是祖宗之法,这怎么能够相提并论!"

李忱十分珍惜大臣的奏本,每次必洗手焚香再捧起来读。《贞观政要》分类编辑李世民与魏徵、房玄龄、杜如晦等大臣的争议、劝谏、奏议等,还记载了当时一些政治、经济举措。李忱读《贞观政要》后,特地起用魏谟为谏议大夫。魏谟是魏徵五世孙,在朝中只是个小小"起居舍人"，负责记录皇帝的日常生活，但他忠于史实，秉笔直书。李昂曾经找他查看起居注，他竟然拒绝，如实说："为了警示后世君王，起居注善恶都写。陛下只须努力向善，不必查阅起居注。"李忱起用他，再现魏徵直言极谏之风。李忱努力向李世民学习，以"至乱未尝不任不肖，至治未尝不任忠贤"①为座右铭。他将《贞观政要》书于屏风上，常常正色拱手拜读。由于政绩显著，李忱果然被后人称颂为"小太宗"。

在佛教问题上，李炎显然有太过之嫌。李忱即位第二月便杖杀灭佛主谋之一赵归真，又诏令京城长安增加8座寺庙，并恢复发放度牒，允许僧尼出家。如此一来，大臣纷纷表示反对前几年的灭佛运动。大中元年（847年），诏令全面恢复被废的佛寺及相关政策，取得信佛的朝臣以及大批民众支持。但复苏太猛，像大坝被堵的水重新泛滥，也不能不引起有识之士的担忧。进士孙樵进谏："陛下即位以来，修复被废的寺庙，重新剃度僧尼，几乎恢复先帝之前的弊端。希望陛下加以制止，让百姓得喘息。"大中六年（852年）末，中央部门也奏称："陛下崇尚佛教，天下莫不奔走，恐怕国家财力无法承受。由此还常引发事端，骚扰百姓。建议陛下要求相关官员修建寺庙时注意节约，并继续禁止私自剃度为僧尼。"李忱同意。

此外，得说说当时的外部关系。

和平没几年，吐蕃又扰边，没完没了。大和五年（831年），吐蕃维州（今四川理县）守将悉怛谋率全部人马请求归降，李德裕派兵占了维州。牛僧孺却说："吐蕃边境，有万里之遥，丢个维州没什么大碍。

---

① 《资治通鉴》卷248，唐纪64，15册。

近年唐与吐蕃友好，约定停战，现在却接收他们的降城，有失大唐信用，得不偿失！"于是，李昂诏令将悉怛谋等所有人马送还吐蕃，让他们治罪。吐蕃对唐并不领情，大中元年（847年）春竟然趁李炎丧礼时机，引诱党项族及回鹘余众大举入侵唐河西地区（今甘肃酒泉等黄河以西地区）。李忱命河东节度使王宰率军反击，将敌击退。

大中三年（849年）出现转机，吐蕃秦、原、安乐3州及7座关隘向唐投降。不久传来更大捷报：唐军收复河、湟地区（今青海、甘肃境内黄河和湟水流域）。那一带百年前遭吐蕃侵占，一代代唐帝耿耿于怀，但是无奈，如今终于光复。当时著名诗人杜牧曾悲喜交加地写了一首诗，表现河湟地区的百姓沦为异族臣民，身着戎服牧羊驱马，但"白发丹心"忠于汉家王朝。[①]然而，一代又一代帝王只对凉州歌舞感兴趣，只管自己悠闲享乐。所幸杜牧在死前终于看到河湟收回，目睹河西、陇右地区老幼1000多人穿着唐服进长安，李忱登上延喜门亲切接见。李忱颁诏：河西等三州和七关的土地农田，免租税5年；其他被吐蕃侵占的州县，也要尽快收复。此七关指唐设的石峡关、石门关、木峡关、木靖关、六盘关、驿藏关、制胜关，史称"原州七关"。李忱还亲自撰写一篇《收复河湟制》，感慨历史性胜利之余，强调今后要"足食足兵，有备无患"，以便"永致生灵之安"。此文收入《全唐文》。

大中四年（850年），吐蕃讨伐其反叛的鄯州节度使尚婢婢，宰相论恐热亲自率兵追击，在唐河西八州大肆烧杀抢掠，方圆5000里几乎五谷不生。论恐热过于暴虐，越来越多部众不堪忍受，纷纷叛逃，他沦为孤家寡人。第二年他跑到长安朝见，请求担任大唐节度使。李忱

[①] 杜牧：《河湟》，"元载相公曾借箸，宪宗皇帝亦留神。旋见衣冠就东市，忽遗弓剑不西巡。牧羊驱马虽戎服，白发丹心尽汉臣。唯有凉州歌舞曲，流传天下乐闲人。"

不同意，将他遣返。从此，河西地区再没什么大乱，重新开通"丝绸之路"，与中亚各国交流。

　　唐时党项人逐渐集中甘肃东部、陕西北部一带，仍以分散的部落为主。唐在党项聚集地设羁縻州进行管理，有功的酋长被任命州刺史等职。但他们也经常南侵，而唐军连年发兵征讨没有成果。大中五年（851年），大臣孔温裕上书，恳请停止征战。李忱发怒，将他贬出。其实，李忱明白党项反叛的主要原因在于唐边将本身，边将贪图党项的羊马，经常欺侮、掠夺、诛杀，激怒党项民众。于是，李忱改派文官代替边镇将帅，临行还告诫要善待党项人。

　　不久，李忱又派白敏中去安抚党项，白敏中却为难得很。说来有趣：李忱曾命白敏中为万寿公主选佳婿，白敏中推荐新科状元郑颢。在我们现代一般人想象中，那可是天大好事啊！殊不知，古代有谚曰："娶妻得公主，平地起官府。"清朝礼制规定，驸马本人及其父母同公主见面，必须先行屈膝叩安礼；如果公主有赏赐，驸马及其父母还要叩头谢恩。不知道驸马吻一下公主，是否也得屈膝叩礼。唐朝的公主同样可敬而不可爱。就说李忱的宝贝女儿吧，他曾经将永福公主许配于琮，却忽然变卦。他说："朕近日与这爱女一起吃饭，她竟敢当着朕的面将筷子折断。脾气这么糟，怎么能做士大夫的妻子呢？"万寿公主同样让人皱眉。有天，郑颢的弟弟病重，她却跑去慈恩寺看戏。李忱知道了很生气，将她招回，责骂道："现在才明白士大夫为什么不愿与朕家通婚！哪有小叔子病重，嫂子不去探视，反而有兴趣看戏的道理？"可想而知，郑颢吃了不少哑巴亏。所以，他很怀恋原来想娶的女子，并痛恨白敏中。白敏中叹道："因为做那媒，郑颢恨死我了。如今我外出边镇，他肯定会趁机中伤。我恐怕离死期不远了！"没想到，李忱命人取来一个红柳木盒子，交给白敏中说："郑颢告你的状子都在这儿！朕如果相信他，你还能活到今天？"行文至此，我也忍不住要向李忱表示敬意，想必白敏中更是感激涕零。

白敏中随即出发，很快回禀党项已平定。李忱说南山的党项部落还有些抢掠事件，应该在银州、夏州授田，让他们安定下来。不久，南山的党项部落也请求归降，李忱赦免他们。后来，又有部分党项人扰边，李忱另派一个翰林学士去招抚，同年便全部归降。

去脉：皇上可能出家去了

李忱晚年重蹈他祖宗的覆辙。大中十二年（858年）他吃了方士的仙丹，口渴烦躁，对臣下疑心加重。第二年吃了医官的药，背上起毒疮，宰相都不得见。卧床一个多月，什么时候驾崩都难以确定，有传说是出家去了。

李忱去世前一年，发生一系列叛乱。岭南、湖南、江西、宣州的军队相继哗变。安南都护府（治所今越南河内）李涿贪婪残暴，强迫蛮人将马牛卖给他，引起怨恨。这年蛮人勾结南诏军入侵。中原军人的哗变一般都及时平息，南方的边患则延续了好多年。

总体上看，李忱在位虽然才13年，但安内攘外，《新唐书》记载他逝世那年国库充盈，货物堆积如山，户部钱币多得几乎无法计算，各州也普遍富裕，有的州积钱多达300万缗，确实在"会昌中兴"的百尺竿头更进一步，无愧"小太宗"之誉。遗憾是问题也不少，其一不会怜香惜玉。他曾迷恋一位绝色佳丽，忽然清醒，担心重演老祖宗李隆基的悲剧。左右建议将她放出宫，他竟然说："放回去朕会想念她，不如赐一杯鸩酒！"真狠心啊！大臣伴君如伴虎，美人伴君也如此。

李忱有11个儿子，因为担心诸子争夺迟迟没立储，临死才密嘱立三子李滋为太子。没想到，宦官王宗实等假诏立郓王李漼，即懿宗。李漼时年18岁，血气方刚，风华正茂，朝野寄以新的希望。翰林学士刘允章上《直谏书》，直言不讳揭露时下隐伏着"国有九破"的问题，一是终年聚兵，二是蛮夷炽兴，三是权豪奢僭，四是大将不朝，五是广造佛寺，六是贿赂公行，七是长吏残暴，八赋役不等，九是食禄人多，输税人少。同时"民有八苦"，一是官吏苛刻，二是私债征夺，三是赋税繁多，四是所由乞敛，五是替逃人差科，六是冤不得理屈不得伸，七是冻无衣饥无食，八是病不得医死不得葬。刘允章在他《直谏书》中诚恳地说：如果能治理这九破八苦，"太平之日，昭然目前"；否则，继续"不以万国为心，不以百姓为本"的话，他只好"葬江鱼之腹，不忍见国难危"。似乎为刘允章之谏佐证，李漼上台这年末浙东爆发大规模起事，历经8个月才平息。不久又发生军队哗变，农民也加入，浩浩荡荡20多万人，好不容易才平息。李漼以为从此天下太平，沉湎于享乐，同时走到灭佛的另一个极端——佞佛，简直把皇宫变成寺院，可想而知他还能剩多少精力处理朝政。

李漼在位10年，宦官趁他病重杀了他，拥立其长子李儇为太子。李儇才12岁，更是贪玩，成为太监手中傀儡。乾符元年（874年）终于爆发王仙芝与黄巢更大规模起事，大唐于天祐四年（907年）寿终正寝。

末了，且评说几句。

李忱不幸也有幸。不幸是非长子没早继位，有幸是意外继位且接的是盛世。接盛世之位也是既有幸又不幸，有幸是基础好，不幸是锦上添花难。纵观中国历史上40余个盛世,在盛世基础上再创新盛世的情况屈指可数,大都是在乱世基础上开创盛世。换言之,盛世的接班人大都是庸君,甚至昏君,而难有明君。

接到一个好的底子,想干事业的往往只需"无为而治",萧规曹随。如果是胸无大志之辈,那就真的什么也不干了,躺在那里吃老本,将前任盛世成果挥霍一空。这种昏君远不止李忱一个。南齐武帝萧赜在位时注重经济,力行节俭,与北魏友好,减少军事活动,发展教育,时有恩赦,很快开创"永明之治"。可惜萧赜命薄,在位仅11年。更可惜的是他没能培养好接班人,太子萧长懋好佛讲排场,竟敢瞒着父皇大兴土木。萧长懋夭折后,由其子萧昭业直接继位,可这孙子更糟!萧昭业长得挺帅,又写一手好隶书,极受父亲与爷爷钟爱。然而,他非常贪玩。父亲去世,他虽然号哭不止,但转身便寻欢作乐。爷爷丧期,他哭完回宫要让胡妓排成乐队,夹道迎奏。他出手阔绰,动辄挥霍数十万、数百万,不到一年便将"永明之治"积蓄的数亿钱挥霍得差不多了。萧昭业的堂叔祖——大将军、尚书令萧鸾一再规劝,可他不听。他怀疑萧鸾有篡位之心,与中书令何胤合谋要将其杀死。何胤不敢,萧昭业又把萧鸾打发到外地去。萧鸾无奈,只得先下手将萧昭业杀了。不到一年时间,萧昭业就将自己的性命玩掉。又勉强撑了8年,南齐江山也给折腾完了。

假如李忱像萧昭业那样只管挥霍享乐,而不顾江山,就不必去搞那一系列改革,也没剩什么钱财给军队。那么,即使身边的文官武将不谋反,也难保吐蕃、党项人不会起兵,直入长安也不是没有先例。那样一来,不仅李忱的皇位坐不了10余年,整个大唐江山也可能撑不到黄巢揭竿起事。

其实，李忱只不过是尽职，萧昭业只不过是本性难改。他们很可能根本就没兴趣当皇帝，是集权制度赶着鸭子上架。想当皇帝、有能力当的不让当，不想当也没能力当的却硬要他当，这种怪事史上常有。如果早要求不务正业、玩物丧志的宋徽宗"禅让"，北宋结局会不会不一样？那个万历，竟敢几十年不上班，如果早把他开除，结局会不会不一样？周幽王沉溺于女色，如果可以早制止他的荒唐行为，是不是可以避免"烽火戏诸侯"，进而避免一连串导致覆亡的事件？因为是体制强人所难，所以我认为不能只责备那些无心履职的帝王个人。将无志、无能力复兴国势的人硬扶上皇帝的宝座，根源是封建时代的集权制度。

不难发现唐朝皇帝一个明显特点：前几年大都不错，有些还能开创盛世，但"晚年"一个个转身沉湎于得道成仙，而置江山于不顾。看来，皇帝这种职业"终身制"实在不得人心，连皇帝本人有时也不耐烦。且读康熙怎么诉苦：

> 朕八龄践祚，在位五十余年，今年近七旬矣。当二十年，不敢逆计至三十。三十年时，不敢逆计至四十。赖宗社之灵，今已五十七年矣，非凉德所能致也……古帝王享年不永，书生每致讥评。不知天下事烦，不胜其劳虑也。人臣可仕则仕，可止则止，年老致仕而归，犹得抱子弄孙，优游自适。帝王仔肩无可旁委，舜殁苍梧，禹殂会稽，不遑宁处，终鲜止息……[①]

这番言语，读来着实让人顿生怜悯之情。

---

① 《清史稿》卷8，圣祖纪3，1册，中华书局2020年版。

第六章

景圣中兴

> 提要

辽景宗耶律贤、圣宗耶律隆绪在位期间（969—1031年），与宋和平，民族平等，"诸道皆狱空"，农牧业兴旺。

举国那么多文官武将，天塌下来何至于非让孤儿寡母去顶不可？且莫怨东风，东风正怨侬，归根结底是当时制度文化的问题。

来龙：变态皇帝的折腾

辽国朝中长期较乱。耶律阿保机在位11年。第二任耶律德光靠宫廷政变夺其兄的继承权即位，在位21年。第三任耶律阮在位仅5年，率兵救北汉时，被从征的将领发动兵变所杀。第四任耶律璟更恐怖，集昏君与暴君于一身。

耶律璟是第二任皇帝耶律德光的长子,辽天禄五年(951年)前任皇帝被害后,他趁镇压叛乱的时机夺得帝位。因为不是正常即位,他特别担心众多兄弟也来争夺。当然他的担心并非多余,防不胜防。耶律璟即位不足一年,国舅萧眉古得与宣政殿学士李澣密谋投敌,由李澣给在后周做官的哥哥写信,说耶律璟只知喝酒游猎,建议后周出兵。紧接着,弟弟耶律娄想自立为帝。应历三年(953年),他的堂弟耶律宛又来争夺皇位,还涉及亲弟等人。应历九年(959年),他四弟耶律敌烈主谋反叛,第二年,政事令耶律寿远和太保萧阿不等人谋反。不久,另一个堂弟耶律喜隐也叛乱。所幸这些叛乱都及时被镇压。

宗亲接二连三叛乱的原因出于不服,更出于不满。耶律璟夺得权力后,并没有勤政为国为民,而沉湎于享乐。他喜欢游猎与喝酒,一出游往往一连七天七夜。不游猎也是晚上喝酒作乐,通宵达旦,然后白天睡大觉,政事全然不顾,人们背地里称他"睡王"。他曾明确要求大臣不要执行他喝醉时候的指示,可不听话他又会随手杀之。

当时,北方虽然基本统一,但南方还有劲敌。作为辽国一把手,哪能如此醉生梦死?周世宗征南唐胜利后,国力骤增,随即转身北伐,大举进攻辽国的三关。辽国守将一个个投降,不战而败,举国震惊。大臣劝耶律璟快收复失地,他却说那些地方本来就是汉人的,没什么可惜的,没一点志气。侥幸的是周世宗在这次战争中突然病死,后周只得退兵,否则很可能一口气将辽灭了。

宗亲和近侍们一再反叛,可以说是耶律璟逼的。他生性残暴,左右侍从稍有过错就被他亲手杀死。如因为送吃饭的刀、筷慢了被杀。特别是他听信女巫的话,听说延年益寿的仙药得用男子的胆做药引,便滥杀无辜。每次战败,他都要拿自己的臣民开刀。他杀人还常脔之锉尸,即千刀万剐，是个十足的杀人狂！

就这么一个变态的皇帝，将一个国家折腾了19年，那是一种怎样的灾难！所幸宫中近侍和厨师等6个不甘坐以待毙的小人物联手，将耶律璟灌醉杀了，结束了一个暴政时代。

最大看点：冤家变亲家

宋与辽可谓"前辈子"的敌人。早在宋建国之前，后唐皇帝李从珂调他姐夫河东节度使石敬瑭到郓州任节度使，石敬瑭不仅像李从珂当年一样趁机起兵叛乱，而且向塞外之敌辽国求援，承诺割让燕云十六州为报酬。辽喜出望外，由皇帝亲率大军增援，击溃李从珂。石敬瑭当权后，不仅称比他小10岁的辽帝为父皇，还真割让燕云十六州。这样，长城对中原没了意义，辽距北宋都城1000多里地，一马平川，没任何要塞可挡，敌骑很容易直抵开封城下。这十六州，始终是北宋一大心病。而且辽的疆域是北宋的两倍，看看历史地图你就会体谅北宋生存与发展的外部条件多么艰难。

北宋历代帝王在这一点上始终是有志气的。初期的宋帝也很有扩张性。当宋师南下，那位写过凄美无比诗句"问君能有几多愁，恰似一江春水向东流"的南唐皇帝李煜，还天真地抱怨："我没什么过错吧？"宋开国皇帝赵匡胤直言不讳说了一句名言："卧榻之侧，岂可许他人鼾睡。"辽也是宋的卧榻之侧，赵匡胤自然也不容许它鼾睡，何况它还经常南下骚扰。这就有戏可看了。

建隆元年（960年）北宋开国之初，赵匡胤忙于稳定内部及南征，北方先对北汉发起征战。当时辽国皇帝耶律璟则忙于内部没完没了的反叛与自己享乐，也没对宋有什么野心。宋攻北汉辽州，北汉向辽救援，耶律璟派出6万骑，结果失败。后来，辽与北汉只是像蚊子一样偶尔骚扰宋边境，赵匡胤也只是偶尔还一巴掌。保宁元年（969年）即耶律贤即位那年年初，赵匡胤想灭北汉，亲自率大军围攻太原等地。辽派劲旅连夜冒雨从小路迅速进驻太原西，与北汉联手反击，赵匡胤败退。当时耶律贤忙于稳定内部，还得应付女真族的不时侵扰，无力南征。于是，开宝七年（974年），宋辽议和，"用息疲民，长为邻国"。

开宝八年（975年），宋灭南唐，第二年赵匡胤崩，赵光义继位。经过几年准备，太平兴国四年（979年）初，赵光义率军一举灭北汉，紧接着从太原进攻辽，想一鼓作气收复燕云十六州。初期顺利，易州、涿州不战而降，然后直指南京城（今北京市）。辽军坚守不出，等待援军。

耶律贤派名将耶律休哥领重兵相救。耶律休哥宏谋远略，料敌如神，爱兵如子——每次打了胜仗都推功于他的将士，让大宋军民闻风生畏，民间哄孩儿止哭便说："于越来了！"于越是辽国官名，位于百官之上。辽国近220年中只有十人享受这一殊荣，这话于北宋如同我们现代父母对孩童说"老虎来了""警察来了"。此役，耶律休哥率5000人佯装主力直奔南京城下引诱宋军交战，而真正主力3万骑兵却连夜绕到宋军的背后，在高粱河一带展开激战。腹背受敌的宋军惨败，赵光义只身出逃。

辽乘胜反攻，在满城对阵。决战前，宋军诈降，辽大将韩匡嗣信以为真，耶律休哥则劝阻："你看他们军容整齐，锐气十足，像降兵的样子吗？别信！"韩匡嗣不听，结果被宋军突袭，士卒纷纷丢盔弃甲逃命。幸好耶律休哥率兵顽强抵抗，否则全军覆没。

第二年，辽10万重兵围攻雁门关，宋名将杨业大败他们。耶律贤亲自到南京督战，指挥围攻瓦桥关。宋军救援失败，想突围也失败。两军隔河对峙，耶律休哥率精锐骑兵强渡，宋军大败。辽军追到莫州再次决战，宋军横尸遍野，但辽军也遭重创，只得退兵。

乾亨四年（982年），辽帝又亲自率兵大举伐宋。这次3万骑，兵分3路，一路袭雁门，被宋名将潘美击败，追入辽境，俘老幼万余口，获牛马5万；二路攻府州也失败，被斩700级，获羊马万计；三路打高阳关又败北，失羊马数万。同年耶律贤病死，也许与这次惨败不无关系。

辽国君主变易之时，太后萧绰不忘宋国威胁，一边立"更休法"，劝农桑，大力发展经济；一边大修武备，多设间谍，并制造国内空虚的假象。果不其然，赵光义认为辽国朝中孤儿寡母有机可乘，于986年大举北伐，也兵分3路，东路攻幽州，中路攻蔚州，西路攻云州、朔州。萧绰命耶律休哥守幽州，耶律斜轸抵御中路及西路宋军，她自己与耶律隆绪驻扎在驼罗口指挥。初期，宋军接连攻下固安、涿州等地，寰州、朔州、应州等地不战而降。萧绰率军支援耶律休哥，大败宋东路军。耶律休哥收尸以为"京观"——古代为炫耀武功，聚集敌尸，封土而成高冢。赵光义只得撤退，屯兵边境，以守为攻。可是，萧绰命耶律斜轸乘胜对东路和中路宋军进行反击。就是在这次战役中，辽军生俘杨业。有的说杨业撞死在石碑，有的说其因箭伤无法进食，三日而死。杨业是妇孺皆知的"杨家将"之一，戏文中名杨继业。

随后，辽纵兵南侵，攻陷诸多边城。赵光义忍无可忍，第二年又想大举复仇。宰相李昉等大臣连忙劝阻：中原之民不同边疆之民，只习农业不善于战争，往往逃避。用这些强征来的兵匆匆上阵，结果可想而知。赵光义不得不忍，转为抵御为主。而辽军也没有绝对优势。耶律休哥也感到力不能支，统和六年（988年）冬，他率8万精骑南下，被宋军斩首1.5万级。第二年再率3万骑南侵，被宋军偷袭后背，顿时陷入混乱，他本人也被砍伤手臂，仗着人多才狼狈撤退。此后十几年，虽然偶尔还有些冲突，但谁也不敢轻易发动大规模入侵。

大宋对于辽国来说，诱惑力相当大，而萧绰和耶律隆绪们的雄心也大。在那个丛林时代，这就注定了两国最终鱼死网破的宿命。经过多年准备，统和二十二年（1004年），萧绰亲自率辽军大举南侵，大有决一死战之势。至定州，两军对峙。辽军怕腹背受敌，提出议和，北宋新皇帝赵恒拒绝。宋军在朔州大败辽军，但辽军主力三面包围澶州，形势相当危急。

有人说赵恒在北宋所有帝王中"也许最为消极"[1]，但他运气好。当时辽国最优秀的文武大臣耶律休哥、耶律斜轸已去世，赵恒被自己的能臣寇準硬拖上前线督战。当他登上澶州北城门楼时，诸军高呼万岁，声闻数十里，士气大振。更幸运的是，辽国统军萧挞凛不把大宋守军放在眼里，率数十轻骑直驱澶州城下，被一箭毙命。为此，萧绰等人痛哭不已，辍朝5日。在这种情况下，双方都不得不承认吃不了对方，多数大臣主张见好就收，于是议和，主要内容：一是辽宋为兄弟，辽帝年幼，称赵恒为兄，后世仍以此论；二是以白沟河为国界，双方撤兵；三是宋每年向辽提供助军费银10万两、绢20万匹；四是双方在边境设榷场，开展互市贸易。史称"澶渊之盟"。

"澶渊之盟"后，辽、宋两国都将主要精力放在国内社会经济发展

---

[1] ［德］傅海波、［英］崔瑞德编：《剑桥中国辽西夏金元史》，中国社会科学院译，中国社会科学出版社1990年版。

上，不再强求以百姓生命财产为代价去硬抢那些土地。萧绰和耶律隆绪延续"景圣中兴"。北宋接连开创盛世：赵恒在任期间，以文安邦，与辽和平相处，鼓励男人以读书为业，人口和税收均超过唐朝最繁荣时，被誉为"咸平之治"；紧接着仁宗赵祯时期，工业化、商业化、货币化和城市化方面远远超过当时世界其他地方，被誉为"仁宗之治"。"澶渊之盟"影响了此后的中国思想界及中国整个历史，有人认为是典型的双赢，也有人认为是宋之屈辱。

辽与女真、党项、吐谷浑、回鹘、于阗、高丽等邻居也有些矛盾，但总体保持和平。特别是与高丽接触较多，辽曾嫁公主去和亲，册封高丽王，不过辽与高丽战事也最多，只是没宋辽那么激烈而已。

和亲，将冤家变为亲家，汉朝帝王的常用战术，契丹人也学会了。

高丽与辽的关系时好时坏，迟迟没有归附，辽难以容忍。耶律隆绪曾诏令诸道修缮甲胄兵器，准备东征高丽。随后还派钦差大臣到各地去检查兵器与道路情况，发现辽东沼泽低湿，只得暂停东征。不久，当地仍然报告说那道路十分泥泞，只能再等。这一等等了几年，直到992年才命东京留守萧恒德出征，真让人怀疑辽东官员是不是不愿意出征。

萧恒德是个挺有意思的人物。辽国名将萧挞凛有两个儿子，长子萧排押是大将、外戚、驸马；次子萧恒德，早年曾经随军征高丽与宋，深得信任，被任命为东京留守。统和六年（988年）耶律隆绪征宋时，萧恒德独当一面。城上矢石如雨，他仍然镇定指挥，城终于被攻克。在这次战争中，他中流矢，萧太后亲自探望，赐药。随后他还屡立战功，萧太后多次表扬。萧挞凛为其向景宗三女越国公主耶律延寿求婚。萧恒德成为驸马都尉，一跃为耶律隆绪的妹夫。现在耶律隆绪命萧恒德征高丽。萧恒德接诏书就率兵出击，一战就拔其边城。高丽成宗王治吓坏了，连忙上表请降。此后，王治多次遣使请罪进贡。统和十三年（995年）还两次入贡，辽派使者册封王治为高丽国王。

第二年王治进而请婚，耶律隆绪一口答应。不过，自古没有帝王肯把自己亲生女儿嫁给曾经的敌人，都是临时把宗室里一个女子认为干女儿嫁出去了事。现在耶律隆绪给高丽嫁去萧恒德之女，是嫁外甥女，够意思了。高丽方面挺满意，遣使访问，像亲人一样关心耶律隆绪的起居生活，此后常来常往。

可是，高丽王真正的岳父萧恒德却倒霉了。命萧恒德与奚族首领和朔奴联手，一起讨伐兀惹。兀惹是渤海被辽灭后新立的小国，反抗辽。还没开战，兀惹就请降。萧恒德想多获一些战利品，拒降，兀惹只好死战，结果城攻不下。这时，和朔奴建议退兵，萧恒德说："我们奉诏而来，无功而还，同僚会怎么笑话？随便讨些战果，也比无功而还强！"和朔奴只好硬着头皮坚持战斗。撤回时又因为路远粮绝，士兵战马死伤众多。萧恒德因此事遭弹劾撤职，削了原先赐予他的"翊圣协穆保义功臣""纯德功臣"的称号。这还没完。耶律延寿生病，萧太后好心好意委派一名宫女去侍奉，萧恒德竟然与这宫女勾搭成奸，耶律延寿气得忧愤而死。萧太后大怒，将萧恒德赐死。

此外，得说说辽的汉化问题。

保宁元年（969年）耶律璟被近侍所杀，耶律贤继位。这一次权力交接倒没什么麻烦。开国皇帝的所有兄弟都死了，他们的子孙也在前几次政变当中被杀光。耶律贤是第三任皇帝耶律阮的次子，没人反对。问题是他长期患病，朝政只好由萧太后执掌。

大名鼎鼎的萧太后，是耶律贤的夫人。她名字美丽可人，其实堪称武将，《杨家将》中的萧太后就指她，但真实的她不像小说或者戏里那样是"母夜叉"。她父亲萧思温是辽国第二任皇帝的驸马，而他的长女嫁给耶律璟的弟弟，次女嫁给耶律贤的弟弟。耶律璟意外被杀时，萧思温在陪同。他冷静处置，封锁消息，力助耶律贤继位。耶律贤晋封他北府宰相等职，并召萧绰入宫，随即封为贵妃，两个月后又册为皇后。

本来萧绰可以享清福。没想第二年，父亲又遇刺身亡，耶律贤失去顶梁柱，17岁的她只好接过重任，负责处理一切政务。她做的决定，耶律贤只是听听汇报。保宁八年（976年），耶律贤还正式传谕：今后凡记录皇后之言也称"朕"，与自己相提并论。

乾亨四年（982年），耶律贤去世，其子耶律隆绪继位。耶律隆绪年仅11岁，尊萧绰为"承天皇太后"，由她继续摄政。辽帝登基有一种"再生仪"，萧绰履行了这仪式，就是说她执政具有合法性。她对耶律隆绪精心培养，要求很严，甚至成年后还当众打骂他。

萧绰原来曾许配汉臣韩德让，没来得及结婚而被选进宫。据宋朝使臣路振的《乘轺录》记载，萧太后对韩德让说："愿续旧好！当国的幼主是我的儿子，也是你的儿子！"甚至派人鸩杀了韩德让的妻子李氏。从此，他们过着"事实夫妻"生活，耶律隆绪对韩德让也真诚地以父相待，连接见外国使臣都不避忌。韩德让的军政权力超过他前后任何一位大臣，但依然忠心耿耿，全力辅佐萧绰与耶律隆绪。

然而，皇族不满。诸王宗室200余人拥兵，控制朝廷，排挤萧绰及耶律隆绪。作为一个女人，面对如此形势，萧绰哭了，叹道："母寡子弱，族属雄强，边防未靖，怎么办啊？"在耶律斜轸、韩德让等大臣支持下，她果断地撤换一批大臣，下令诸王无事不得出门，并设法解除他们的兵权，迅速稳定朝政，后来陆续有些叛乱也及时平息。统和二十七年（1009年），耶律隆绪37岁，萧绰才还政于他，同年底病逝。这时辽国已步入鼎盛阶段。

从北魏中兴可以看出，少数民族要有实质性的大发展，有必要向汉族学习。契丹人的文明程度比匈奴、突厥高些，但与汉人相比显然还差一大截。他们一立国就开始向汉人学习，同时还想大力发展本族文化，命大臣创造契丹文字。在萧绰与韩德让影响下，汉化步伐加快。南京官府要职原来一直由契丹宗族担任。耶律贤即位后，提拔汉族官员高勋为南枢密院使，又加封为秦王；汉官韩知古的儿子韩匡嗣为上京留守，后改任南京留守，加封燕王。还选拔一批汉族知识分子治理各州。契丹民俗中有"姊死妹续"陋习，耶律贤予以废除，并令为官的契丹人可以随汉族礼俗，与汉族自由通婚。

耶律隆绪时期，汉化更全面。耶律隆绪自幼聪明，好儒术，通音律，还好绘画，崇信佛教和道教。他能读汉书写汉字，特别推崇李世民的《贞观政要》和白居易的诗，曾以契丹文翻译《白居易讽谏集》。他本人创作曲100余首，作诗500余首。

耶律贤一上台就多次召汉人翰林学士室昉，问古今治乱得失。他认为耶律璟太暴虐，今后"务行宽政"。登闻鼓，即在衙门口设鼓，让上访的百姓敲鼓鸣冤。自北魏开始，唐、宋等朝均实行这种制度，辽国也有，但被耶律璟废除，耶律贤予以恢复。契丹人得势了，跟后来的蒙古人、满族人一样实行民族歧视政策（当然，应是后者向前者学习），他们打死汉人只赔牛马，反之不仅要抵命，还要没收其亲属为奴婢。983年，耶律隆绪修改"同罪异论法"，即契丹人犯法与汉人犯法同罪处理，不得同样的罪因民族不同而予以不同处罚。同时修改"贵贱异法"

与"奴主关系法",废除"兄弟连坐法"。他还用法律禁止妨碍农业,禁止军队和行猎破坏庄稼,委派监察官查看农业生产情况,鼓励种果。犯罪率大大降低,甚至出现"南京及易、平二州以狱空闻"的可喜局面。不过,他们也禁止"命妇"(有封号的妇女)改嫁。

统和六年(988年)开贡举,从此成为定制。太平十年(1030年)诏明年行贡举法,进一步健全科举制度。景福二年(1032年)开始每年举行一次科考,随后改为三年一次。考试科目初期以词赋为正科,法律为杂科,后来借鉴宋朝分两科,即诗赋与经义,分别取士。但禁止契丹人参加汉式科考。有个官员让儿子违规参加,被责罚200皮鞭,他儿子直到能够三箭射杀三只野兔——通过本民族武功考试,才得以提拔。这说明他们对汉化改革还留了一手,并非全搬照抄。

辽后期,侍臣给道宗耶律洪基讲《论语》,讲到"夷狄之有君"一句时,一句带过,不敢讲解。耶律洪基意识到侍臣有顾忌,连忙开导说:"异族之所以被称之为'夷',是因为'荡无礼法'。契丹则'彬彬不异中华',为什么要忌讳不敢谈'夷狄'?"[1]在耶律洪基的心目中,辽国已经与中原"无异"了。据载,耶律洪基曾经用数百两白金铸两尊佛像,其背面铭字:"愿后世生中国。"孝是儒家最重要的观念,辽帝除了头尾两个,其余的谥号均带有"孝"字。由此可见其汉化程度之高。

---

[1] 《契丹国志》卷9,"上世獯鬻、猃狁荡无礼法,故谓之夷。吾修文物,彬彬不异中华,何嫌之有?"

去脉：同室操戈无休止

辽国的内耗绵绵不断，虽没造成严重分裂，还是导致衰亡。萧绰能够与宿敌大宋缔结百年和平，却无法根治内耗。

耶律阿保机的第三子耶律李胡，勇武强悍，力大无比，生性残忍，但深受母亲述律平疼爱。述律平也是个非同寻常的女人，曾多次统兵，"名震诸夷"。耶律阿保机死后，她以皇后身份称制。有些功臣不服，她就令他们为先帝殉葬。汉臣赵思温反击："先帝亲近之人莫过于太后，太后何不以身殉葬？"她挥刀斩下自己右手，扔进棺材，然后说："儿女幼小，不可离母，暂不能相从于地下，以手代之！"因此，人称"断腕太后"。如此，那些人只得乖乖殉葬。

耶律德光即位后，立耶律李胡为皇太弟。大同元年（947年），耶律德光去世，耶律李胡的侄儿耶律阮自立为帝。述律平大怒，派耶律李胡率军讨伐耶律阮，但失败。在大臣调解下，述律平承认耶律阮的合法性。不久有人告发耶律李胡与述律平图谋取而代之，耶律阮将他们迁到祖州（今内蒙古巴林左旗），禁止随意出入。应历十年（960年），耶律李胡受儿子宋王耶律喜隐谋反牵连，死于狱中，后被耶律隆绪追谥钦顺皇帝（另改章肃皇帝）。

耶律璟位上，耶律喜隐谋反又被发觉。耶律璟亲自审问，但仍然释之。耶律喜隐还有一块心病，因为少年得志，骄横得很，耶律璟召见也不及时到，耶律璟为此打过他，他便耿耿于怀，立志反叛。没多久，再反，还只是下狱。契丹人对外凶猛，对自己人有时则过于心慈手软。像耶律李胡与耶律喜隐这样的，如果是在汉人王朝，即使他们没反，只是担心他们可能会反，可能也早被杀了。可他们有反叛之实，且一犯再犯，宋王耶律喜隐还能留下性命，成为一大隐患。

耶律贤即位后大赦天下，狱吏闻风即将耶律喜隐释放，耶律喜隐返朝中。耶律贤大怒："你是罪人，怎么能擅自出来！"耶律贤杀了狱吏，重新将耶律喜隐下狱。可是没多久，耶律贤改年号大赦，还是宽恕了他，不仅释放，而且将小姨子嫁给他，恢复官爵。原来前些日子耶律贤怒的只是没事先请示，那狱吏揣测他的心思，本想讨个功，不想拍到马腿，死得好冤。

然而，耶律喜隐本性不改，还想谋反，仍被宽恕，再反才重新被囚。上京（今内蒙古巴林左旗）的宋军降卒叛乱，想从狱中劫出耶律喜隐并拥立他为帝，攻城失败后，改立他儿子留礼寿为帝。辽军将留礼寿抓了斩杀，这才赐耶律喜隐死。

如果说耶律喜隐对政局实际影响不大的话，那么这种对宗室宠爱放纵的危害愈发明显。耶律隆绪也是晚节不保，以为天下太平，可以放心睡大觉了，便热衷游猎，迷信佛教，于太平十一年（1031年）去世，终年61岁，在位50年，为辽朝在位时间最长的皇帝。

他儿子耶律宗真继位，时年15岁，年龄偏小，所以由生母萧耨斤临朝摄政。耶律宗真少年聪慧，爱好儒学，通晓音律，是享有名望的山水画家，又豁达大度，像是个明君。不想他满足于表面繁荣，不仅迷恋佛道，还喜欢赌博，拿城池当赌注，一输好几座。连年征战西夏，已经习惯和平的百姓变得怨声载道。他对宗室更宠。萧菩萨哥是耶律隆绪第二任皇后，也即耶律宗真的养母。萧耨斤为了排挤她，指使人诬告她与大臣谋反。耶律宗真说："她侍奉先帝40年，又将我抚育成人，怎么能拿她治罪？"萧耨斤说："此人在，迟早会成为后患。"耶律宗真说："她没有亲生儿子，又年老了，即使让她反，也反不到哪去！"萧耨斤还是将她驱赶出上京，不久派人去杀了。耶律宗真就这样受制于人，耶律隆绪的不少政策被改变。史称萧耨斤"残忍阴毒，居丧未及一年，先帝所行法度，变更殆尽"①，临朝4年工夫便让"契丹亦困矣"②。

耶律宗真亲政后，即改萧耨斤的系列政策。但他满足于继承到的中兴成果，沉湎于享乐，生活上放荡不羁，政治上日趋保守，不愿深化改革。南北分治，在辽朝建立初期保障了汉族地区的经济、文化发展，而随着全国封建化改革完成，变成了阻碍经济、文化进一步发展。为此，大臣认为南北两个官府机构"若并为一，天下幸甚"③。耶律宗真担心影响整体体制而不予采纳，保持政局一时稳定，也保持南北差异延续，制约长远发展。他好佛，"度僧其众"，以致"僧徒纵恣，放债营利，侵夺小民，民甚苦之"④。所以，后人认为"辽以释废"。在奴婢等问题上，大为倒退。更糟是他对自己的弟弟耶律重元感恩，一次酒醉时答应死后传位给他，而自己儿子尚未封太子，让耶律重元产生非分之想，埋下日后叛乱的种子，辽国衰势无可救药。

耶律宗真的儿子耶律洪基，即道宗，镇压叛乱后又迷恋佛教，不思改革，日益腐败。本来也有幸，皇后萧观音多才多艺，并关心朝政，曾多次规劝耶律洪基以江山社稷为重。太子聪明能干，朝野寄予厚望。这引起奸臣耶律乙辛等人不满，设计让她抄写10首诗，然后从"宫中只数赵家妆，惟有知情一片月"句中抽出"赵惟一"3个字，告发她与伶官赵惟一有染。耶律洪基竟然信以为真，诏令她自尽，太子不久也被害

---

① 《契丹国志》卷13。
② 《契丹国志》卷13。
③ 《辽史》卷81，萧孝忠传，52册，"一国二枢密，风俗所以不同。若并为一，天下幸甚。"
④ 苏辙：《栾城集》。

死。其后天祚帝则是个著名的暴君，在位20余年便亡国。明时学者王宗沐说："辽之亡也，吾不曰天祚，而曰道宗。"①

史称"宗王反侧，无代无之，辽之内难，与国始终"②，一点不冤。

末了，且评说几句。

"景圣中兴"是耶律贤之功，也是耶律隆绪之功，更是萧绰之功。如果不是她毅然站出来辅政，耶律贤长期生病，重臣被谋杀，那种政局如何维持？耶律贤死后，继位的耶律隆绪年仅11岁，宗室群起逼宫，如果不是她毅然平息，耶律隆绪之位如何保？与北宋战争不断，如果不是她组织对战，适时缔结百年和约，辽国有没有可能早被宋灭了？萧绰功不可没啊，功远大于耶律贤和耶律隆绪！宋人叶隆礼在《耶律贤萧皇后传》中攻击她"性忮忍，阴毒嗜杀，神机智略，善驭左右，大臣多得其死力"，而不见她之功，显然有失偏颇。其实皇太后是一位深深懂得权力的现实性和统治艺术性的统治者，耶律隆绪之所以能够称上盛世之主，多亏了她的教导。

如果加以对比，萧绰更显得优秀。谢道清是南宋末理宗赵昀的皇后。景定五年（1264年）赵昀驾崩，度宗即位，谢道清为皇太后。咸淳十年（1274年），度宗驾崩，恭帝即位，谢道清又被尊为太皇太后。由于恭帝年仅3岁，大臣们再三恳请她垂帘听政，直至南宋被蒙元所灭。实际上谢道清年老体弱，她也无奈，只得将权力委以宰相贾似道。偏偏这时面临蒙军全面进攻，本当皇帝亲征，现在全体官员和太学生只好一致强烈要求贾似道亲征。贾似道根本不懂军事，但他姐是贵妃，赵昀以

---

① 王宗沐：《宋元资治通鉴》。
② 《辽史》，列传2。

"师臣"相称，百官尊称他为"周公"，他家成为事实上的官府。他到前线没本事御敌，却胆敢与蒙军私下议和，回朝又隐瞒，报捷讨功。元军可不健忘，派使者郝经入宋谈判履约细节。贾似道慌忙将郝经秘密囚于军营，试图用纸包住火，引发敌人更疯狂的进攻，直陷都城。谢道清没能力像萧绰摄政率兵，也没能力像萧绰任用贤臣，只能玩玩文字游戏，下《哀痛诏》（"罪己诏"），说皇帝年幼，自己年迈，国家艰危，希望各地文武豪杰同仇敌忾，共赴国难，朝廷将不吝赏功赐爵。这诏下后，各地反应并不热烈，眼看着宋室江河日下。蔡东藩评论：

> 宋多贤母后，而太皇太后谢氏实一庸弱妇。以之处承平之世，尚或无非无议，静处宫闱。若国步方艰，强邻压境，岂一庸姬所能任此？①

一个体弱多病且不善政的"庸姬"牵着个幼小的皇帝，如果是在太平盛世，或许还能凑合着，可现在是"强邻压境"，怎么可能救国？即使没有蒙古人入侵，也很容易被王莽、杨坚、赵匡胤之流篡夺吧？

假如谢道清像萧绰，那么她会及时撤换贾似道。蒙军强悍，但并非天兵天将，后来在征战中也多次无功而返。南宋毕竟占着天时地利，文武百官也不是个个无能又无德，民众更没几个反叛，只要多坚持一下，避过蒙军的锋芒，何愁没有转机？何至于那般狼狈？

而假如萧绰像谢道清，只会流着眼泪"自我批评"，让文官武将糊弄，能够抵挡北宋一次又一次大举进攻吗？

---

① 《宋史通俗演义》第99回。

既然被时代推上那样重要的位置，就应当坚强地担当起历史赋予的使命。萧绰就是如此，她本来的理想只是做个贤妻良母，因为父亲被谋杀，皇帝丈夫又有病，17岁的她突然卷入政治，这才成就了后来的一番大业。如果真不想干，或者没能力，那么可以让贤。谢道清处于国家危亡的特殊时期，明知孤儿寡母担当不起，却没让位，以致误掉江山，责任不小！

宋室江山是赵匡胤从后周孤儿寡母手中夺得，最后失于谢道清孤儿寡母之手，有诗曰：

当日陈桥驿里时，欺他寡妇与孤儿。
谁知三百余年后，寡妇孤儿亦被欺。①

乍一看这诗讥讽孤儿寡母，挺不厚道。可是转念一想，举国那么多文官武将，天塌下来何至于非让孤儿寡母去顶不可？且莫怨东风，东风正怨侬。谢道清可怜又可恨，归根结底是当时制度文化的问题。

---

① 北客：《宋太祖》。

第七章
弘治中兴

> 提要

明孝宗朱祐樘在位期间（1487—1505年），整顿吏治，收复哈密，努力发展经济。假如朱由检能够像朱祐樘那样冷静处理袁崇焕等文官武将的过失及相互间矛盾，明朝会毁在他手上吗？

来龙：私法、私田与私售官

在"土木堡之变"中意外上台的朱祁钰，被柏杨称为明王朝20任皇帝中"唯一杰出的君主"[1]，可他命薄，没几年就病死，朱祁镇迫不及待夺回帝位。更糟的是朱祁镇好了伤疤忘了疼，杀于谦等忠臣恩人，却特地雕一个王振木像，招魂安葬，并赐祠名"精忠"。王振死而不能复

---

[1]《中国人史纲》下册。

生，但太监辈有人出，朱祁镇很快又宠上曹吉祥、石亨。曹吉祥和石亨也飞扬跋扈起来，引荐文武官员只看给的贿赂多少而不管是否胜任，打击异己，公开占夺民田，以至谋乱。当年明月说："英宗的一生并不算光彩，他宠信过奸邪小人，打过败仗，当过俘虏，做过囚犯，杀过忠臣，要说他是好皇帝，真是连鬼都不信。"这种连鬼都不信的事，朱氏君臣可是深信，想必当时不少人相信得热泪盈眶，否则怎么盖棺论定为"英宗"？《谥法》曰："出类拔萃曰英，道德应物曰英，德华茂著曰英，明识大略曰英。"你看他够得上哪一条？

朱祁镇死后，其子朱见深即位，拨乱反正，重修土木之祠，立碑纪事，亲自撰写碑文，如实记载朱祁镇远贤臣，用奸佞，导致丧师辱国的惨痛教训。清朝山东道监察御史沈廷芳路过时，发现智化寺古迹完好，王振雕像仍在，祠外还保存着朱祁镇褒其忠义的祭碑，不禁生气。他给乾隆上书，历数王振的罪恶，请求毁王振像摧祭文碑，乾隆准奏。

朱见深仁爱宽恕，一上台就为于谦平反，励精图治，朝野一片称颂。然而，很快暴露三大弊政：西厂、皇庄、传奉官。

"西厂"跟东厂、锦衣卫一样属"诏狱"，即皇帝直属专门针对高级官员的司法机构。明成化十二年（1476年）京城捕获"妖人"，朱见深派太监汪直在西城一家灰厂审讯，随后在那里新设"西厂"，由汪直负责。汪直有特务天才，据说他"布衣小帽，时乘驴或骡，往来京城内外，人皆不之疑"。他的爪牙比东厂多一倍，还能让东厂听命于他。全国从各王府、边镇及南北河道，无不在他的掌心。大学士商辂是个大才子，直言不讳向朱见深建议将西厂撤了，因为"士大夫不安其职，商贾不安于途，庶民不安于业，若不亟去，天下安危未知也"。朱见深不以为然，反倒生气地追问："用一个内竖（太监），何遽危天下，谁主

第七章 | 弘治中兴

此奏者？"① 商辂坚持进谏，兵部尚书项忠也上书支持，第二年只得撤销西厂。然而，同年罢商辂和项忠的官，西厂又恢复，直到成化十八年（1482年）汪直失宠。如果西厂真是清理反叛或者贪官污吏也就罢了，问题是他们借以大搞"顺我者昌，逆我者亡"。刘佶贪污腐化，早就声名狼藉，一次次遭举报弹劾，只因为有汪直庇护，被弹劾一次反而升官一次，最后升为宰相。人们给他外号"刘棉花"，意即越弹越高，小老虎弹成大老虎，直到跟着汪直一起下台。

此前，朱高炽曾设仁寿宫庄、清宁未央宫庄，朱祁镇曾设德王庄、秀王庄，朱见深直接设皇庄，那些山水田地直接归皇帝私有。朱见深的皇庄遍布顺义、宝坻、丰润、新城、雄县等处，面积达1.28万顷。上行下效，藩王、勋戚、宦官纷纷请求皇帝赐土地，设王田、官庄。据统计，至弘治十五年（1502年），全国官田的面积达民田的1/7。皇庄内土地所有权还与司法权、行政权相结合，派宦官去掌管，类似唐后期的藩镇。而宦官带一些小卒，再养一帮无赖，占土地，敛财物，无恶不作。

传奉官指那些不经吏部，不经选拔、廷推和部议等程序，由皇帝直接任命的官员。朱见深即位不到一个月，就给一位近侍授文思院副使。这种做法满足了皇帝赏赐小人的私心，却对人事制度造成破坏。掌握宫中大权的嫔妃及太监也可以借皇帝之名卖官鬻爵，仅大太监梁芳一人授官就达1000人。

此外，朱见深宠万贵妃，后宫给搞乱。大臣进谏："万贵妃已过生育期，毛病挺多，不可专宠。"朱见深不听，日夜跟她混，且任由她横

---

① 《明史》卷176，商辂传，61册。

行霸道。宫中太监纷纷投靠她，变得比地方总督、总兵还显要。汪直本来只是她的内侍，被她推荐给朱见深，很快权倾朝野。

朱见深还遇上一个宫中并不罕见的难题：妻妾如云，却没生一个儿子。朱见深年轻时不以为意，年纪稍大，考虑到继承人问题，这才开始心慌。有次理发的时候，对门监张敏忍不住叹息："不孝有三，无后为大啊！"其言之善，其情之哀，令人感慨。万万没想到，张敏忽然告诉他一个惊天的秘密："皇上，其实您有皇子，已经6岁啦！"原来，朱见深有次见宫女纪氏美貌，一时性起，留宿一夜。纪氏怀孕，万贵妃命她堕胎。纪氏人缘好，使者不忍下手，谎称她是肚子里长瘤而不是怀孕。万贵妃怕朱见深怀恋她，将她贬入冷宫。这倒成全了她，在冷宫偷偷生下孩子。万贵妃得知后，派张敏去溺死皇子。张敏却帮纪氏将婴儿藏起来，被万贵妃排挤的吴皇后也帮助养育这婴儿。史上类似传奇不少。朱见深听了大喜，立即接回皇子，很快立为太子，这就是朱祐樘。1487年朱见深病死，17岁的朱祐樘继位。

最大看点：收复哈密

哈密古称伊吾或伊吾卢等，明以后才称哈密。公元前60年西汉设西域都护府，哈密归其管辖。唐"安史之乱"时，被吐蕃占领。元朝占领后，兀纳失里自封威武王。朱棣采取羁縻政策，设"关西七卫"，哈密为其一，但地位最为重要，因为它在大明与西域诸国要道上。当时主要敌人是蒙古，而蒙古除了长城以北，还占据西域北部，这也就成为明与瓦剌争夺的中心。

说起来，哈密与瓦剌更亲密。瓦剌头人也先不花的姐姐嫁哈密前任最高首领忠顺王卜答失里为妻，在位的忠顺王倒瓦答失里是也先不花的外甥。即使如此，也先不花还经常派兵扰哈密，掠马牛驼羊，甚至把他姐姐、外甥等一齐掳去，正如我家乡一句俚语所说："舅舅打外甥，理直气壮。"倒瓦答失里只好脚踩两只船，明顺朝廷，暗通瓦剌。瓦剌还不满，正统八年（1443年）围攻哈密，掳去忠顺王母亲和部众1000余人，当地民众纷纷流亡。拖到成化二年（1466年），兵部力主收复哈密，朱祁镇同意。可是，当明军抵达时，叛军已逃。明军留下部分镇守，主力撤回。当时，哈密西邻有吐鲁番王国，挺强盛。见明军主力撤退，吐鲁番趁机入侵，夺走金印，令牙军驻守。成化十八年（1482年），明朝出兵收复，扶持罕慎为忠顺王。不过，罕慎贪婪又残暴，为民众所恨。

弘治元年（1488年）底，吐鲁番又占哈密，杀罕慎，仍然由牙军占领，但有所畏惧，遣使到北京入贡，请求代理西域之职。朱祐樘刚即位，百废待兴，而西域情况复杂，便同意求和，退换城印。不想，弘治六年（1493年），吐鲁番故伎重演，重新占城夺印，还掳走忠顺王。这时，明廷中发生争议，有的认为应由马文升挂帅出征，马文升则认为西域不构成大危害，当行绥靖。有的大臣赞同，也认为明朝的威胁在瓦剌，不应当让兵部尚书亲自西征。于是派兵部侍郎张海等人前往。然而张海送完国书以为完事，未等指令便返京师。朱祐樘大怒，将张海等下狱。弘治八年（1495年）初，命罕东卫（今新疆和田地区）出兵三千为前锋，明军三千为后继，日夜兼程袭哈密，顺利占领。从此，西域开始畏惧大明。

鞑靼小王子不时侵扰明边。朱祐樘采取积极防御战略，一一击退，没有劳师远征，深入沙漠，更没有主动对邻国发动大规模征战。朱祐樘总体奉行和平国策，其他邻邦或属国如安南、暹罗、琉球、占城、爪哇、日本等，常来朝贡。

此外，值得一说当时的选人用人。

朱祐樘是死里逃生的，至少是潜意识当中有一种强烈的复仇情结，一上台即贬逐以万贵妃为首的一批人。

首先是大太监梁芳、礼部侍郎李孜省等。汪直为非作歹，很快引起公愤，朝中和地方的大臣纷纷上书揭露。朱见深遮掩不住，只得将他贬出。但朱见深自己并没有幡然醒悟，不知不觉又被另一个太监引入歧途。朱见深沉湎后宫，梁芳便引进一个叫继晓的僧人。这和尚却对房中术颇有研究，指导朱见深研制春药。为此，在西市新建一座大永昌寺，朱见深带着他的宠妃日夜泡在那里。从此，朝中大臣基本见不到他的面，内阁大学士一年也见不了几次。内阁是明朝皇帝的秘书处，内阁大学士是皇帝的秘书，兼太子老师；首辅是第一秘书，代行相权。朱见深连秘书都不想见，自然引起强烈不满。刑部员外郎林满上书，直接要求将梁芳、继晓正法，自己反而被捕入狱。这引起更多大臣上书。成化二十一年（1485年）元旦，发生晴天霹雳的怪事，朱见深吓坏了，吏部给事中李俊趁机当众直陈六大时弊，朱见深这才有所触动，将继晓革职为民。大臣们颇受鼓舞，进而提出更多建言。朱见深生气，令吏部记下他们的名字，日后陆续贬出。这些问题的祸根，在于梁芳。李孜省是万贵妃、梁芳的同党，好方术，引诱朱见深迷恋炼丹到废寝忘食的地步。朱祐樘即位第六天就处理这批恶人，将梁芳打入诏狱，李孜省等人贬出。

两个月后，朱祐樘对"传奉官"开刀。朱见深任由太监随意传旨任命官员，大多是江湖术士、和尚、道士、番僧、优伶、工匠等，什么人都有，就是难得优秀人才。现在，朱祐樘一举淘汰传奉官2000多人，又遣散禅师、真人等1400多人。

接下来，朱祐樘清理内阁中的大奸臣，第一个是万安。万安攀龙附凤，不知羞耻地自称万贵妃的侄子，高升至内阁首辅。问题更在于他是个油滑的小人，心术不正，身居首辅高位长达10年，却无所建树，被称为"万岁阁老""纸糊阁老"，声名狼藉。朱祐樘在当太子时就听说了，十分反感。即位不久，他在宫中发现一本书，内容是房中术，上面署着"臣安进"。朱祐樘用点策略，让一名大臣故意带那书进大殿，让他当众责问："这是大臣该写的吗？"于是，万安被罢。几年间，先后罢免各类官员1000余人，史所罕见。

与此同时，起用一批贤臣。朱祐樘最信任的是王恕。王恕早在朱祁镇时期入仕，以敢说敢干闻名。任扬州知府时，不等朝廷答复就给饥民发粮救济。他先后应诏陈述政事21次，提建议39次，都是极力阻止权贵宠臣胡作非为。每当遇上不公平的事，就会有人问："王公怎么不说呢？"或者说："王公的奏疏马上就要到了！"时有歌谣："两京十二部，独有一王恕。"很自然，权贵宠臣讨厌他，朱见深也不满意，突然在一次批文中附言让他退休。王恕回乡后，廷臣仍不断推荐他。朱祐樘即位后，召他任吏部尚书，不久加职太子太保。除直陈时弊外，他还推荐了一批人才。

马文升在朱祁钰时期入官，文武兼备，在山西、湖广"有神君之称"；在福建严惩当地贪腐狂徒冯某，离任时闽人传唱"马使留来天有眼，冯公布去地无皮"，对他表示称颂。他还是一名优秀的将军。西北满四反叛，响应甚众，大败官兵。明廷调陕西边兵5万及京兵进剿，起用马文升为右副都御史。马文升亲自侦察，发现满四一个弱点：城中无水，粮储渐乏，便建议围而不攻，坐等他们粮尽自毙。果然如此。有次蒙古族叛乱，马文升督兵追至黑水口，生擒敌首。可是汪直据为己功，反而让他受"表奏不实"之罪，停俸3个月，后来还被贬官，直到汪直失宠后才恢复。朱祐樘即位后，提拔他任兵部尚书。马文升整顿久弛的兵备，罢免30多名不称职的将官，引起那些人怨恨，有人夜里持弓等在他家门口准备行刺，有的则写诽谤信射入宫内。朱祐樘坚定地支持他，令锦衣卫缉捕那些报复者，并派12名骑士保卫他。

刘大夏在朱见深时期入官，后受王恕赏识，推荐给朱祐樘。刘大夏担任广东布政使时，发现前任剩下一些"羡余"，管库的小吏说这种钱不必入账，一向归主官。刘大夏也犹豫了一下，内省道："我平时读书，立志做好人，遇上这事怎能动心？实在愧对先贤，算不得大丈夫！"他指令将这钱全数入账。后来，刘大夏治河有功，被提拔为兵部尚书，诸多奸佞被他压着才不致作乱。①

后来，人们将王恕、马文升、刘大夏称为"弘治三君子"。他们辅佐朱祐樘，立下了汗马功劳。朱祐樘每天两次在平台召见大臣议事，称"平台召见"朝参新方式。制定严格的官吏考核制度，提拔选调官员以政绩为主。将四品以上官员名单贴在文华殿墙壁上，平时熟记，掌握官员动态。对宦官则严加管束，东厂、锦衣卫不敢放肆。这样，朝中多君子，出现历史上少有的良臣大集合。

去脉：皇上的180度之变

朱祐樘在位期间，在前几任留下的烂摊子上，一度"海内宴安，

---

① 《明史》，刘大夏传，"大夏忠诚恳笃，遇知孝宗，忘身徇国，于权幸多所裁抑。"

户口繁多，兵革休息，盗贼不作"①，堪称盛世。晚明学者朱国桢评论："三代以下，称贤主者，汉文帝、宋仁宗与我明之孝宗皇帝。"他认为朱祐樘是夏、商、周三代以后，与汉文帝、宋仁宗比肩的贤主。

然而，弘治八年（1495年）开始，朱祐樘发生180度变化。弘治十六年（1503年）户部员外郎席书上书批评，希望对皇亲、司法及用人方面的制度大加改革。②而此时的朱祐樘，却没什么心思在朝政上，也变得不大临朝，不常接见内阁。他迷信道仙，宠信宦官李广斋醮、炼丹。李广借此大肆卖官，夺民田，四方官员向他争贿。大臣纷纷弹劾，朱祐樘庇护不究。弘治十一年（1498年）太皇太后的广宁宫失火，大怒："今日李广，明日李广，现在果然大祸降临！"听太皇太后咒他灾星，李广怕了，连忙自杀，以免皮肉之苦。朱祐樘想李广应该藏有符箓异书，不可浪费，便命人去取。阴差阳错，居然取来一个登记行贿的簿子，上面有很多文武大臣的名字，写着某某送黄米多少，某某则送白米多少。朱祐樘大吃一惊："李广能吃多少？收入这么多米？"左右侍从提示："这是隐语，黄米指黄金，白米指白银。"朱祐樘这才发怒，命令司法部门追究治罪。

当时百姓生活，很难说多幸福。弘治八年（1495年），马文升反映：古代税率一般只有10%左右，"今民田十税四五，其输边塞者粮一石费银一两以上……赋重役繁，未有甚于此时者也"。③至少得质疑：弘治八年（1495年）至朱祐樘病逝的弘治十八年（1505年）10年间是

---

① 《明史纪事本末》卷42。
② 《明史》，席书传，"今内府供应数倍往年，冗食官数千，投充校尉数万，斋醮寺观无停日，织造频烦，赏赉逾度；皇亲夺民田，宦官增遣不已；大狱据招词不敢辨，刑官亦不敢伸；大臣贤者未起用，小臣言事谪者未复……乞陛下以臣所言弊政，一切厘革。"
③ 《明史》，马文升传。

否也算盛世？其在统治18年中有10年变昏君，还能否称明君？

我常叹李世民等"晚年"如何令人遗憾，可是明朝16位皇帝只有5人活过40岁，平均每人总共才在位一二十年。我不能不赞同柏杨为李隆基所做的辩护："在位四十五年，任何英明人物掌握无限权力如此之久，都会堕落。"①可是，朱祐樘死时才36岁，像他这样在位一二十年、二三十岁便死的帝王不少，他们何以也有"晚年"堕落的问题？

末了，且评说几句。

朱祐樘的政绩并不怎么突出，只不过相比他前后任稍好些罢了。然而，稍加深入一想，我忽然觉得朱祐樘有一点很了不起，这就是践行那句："天地之性人为贵"。

明朝是一个特别的时代，因为这个朝代的皇帝多数要么暴躁，要么是昏君。柏杨说："注意一个使人惊奇的现象，明王朝的皇帝，好像跟明王朝都有不共戴天的血海深仇，竞争着对它百般摧折，似乎不把它毁灭誓不甘心。"②这话刻薄了些，但入木三分。从它降生到灭亡，从朱元璋到朱由检，200多年始终弥漫着血腥。想想赵恒有求于大臣用金瓜子行贿，再看看朱氏一连串皇帝，真令人有种说不出的悲哀。

朱祐樘却是非常偶然的例外。你看他处理一系列朝野共愤的恶人，一个都没杀，只是贬职或放出。弘治十八年（1505年）针对外戚张延龄怙宠横甚，大臣李梦阳上书揭露他"拆人房屋，虏人子女，要截商货，占种盐课，横行江河"等罪行，建议严惩。张延龄及其姐张皇后、母金夫人非常愤怒，百般狡辩，又哭又闹，要求严惩诽谤者，问他死罪。朱

---

① 《中国人史纲》，中册。
② 《中国人史纲》，下册。

祐樘为难了。朱祐樘非常重感情，私生活也有所不同，很可能是整个中华帝国史上唯一的实行一夫一妻制的皇帝。朱祐樘爱张皇后，也尊敬岳母和大舅子，不能不给他们一点面子，再说李梦阳疏中有"张氏"两字，有人认为这确实对张皇后有侮辱之嫌，只得将李梦阳下狱。稍避风头，就将李梦阳放出，罚3个月工资而已。他坦率地说："朕不能重责梦阳致死，以快妇人之心！"①对张延龄，朱祐樘进行诫勉谈话。张延龄从此大为收敛，其他权贵人物也不得不低调。这样，李梦阳英雄般受到人们的推崇，朱祐樘也因此更受朝野的拥戴。我们可以说朱祐樘对张延龄处理不够严厉，但不能不赞许他对于正直大臣的怜爱与呵护之心。

这并不是孤例。当马文升因罢免不称职将官，引起那些人诽谤甚至以死威胁的时候，朱祐樘不仅口头上坚定支持，更重要是令锦衣卫缉捕那些报复者，并派12名骑士保卫他。《剑桥中国明代史》指出："官员们能够信任这个皇帝，因为明朝再也没有其他皇帝能够像他那样采取正确的态度，克制他的愤怒，和一心一意地去尽为君之道的更重的责任。"②我觉得这评价还嫌保守，应该说整个中国几千年历史上也没几个能像他这样一心一意地去尽为君之道的责任。假如后来的朱由检能够像朱祐樘对待马文升那样理性处理袁崇焕等文官武将的过失及相互间矛盾，让他们真心实意跟着保卫江山，明朝会毁在他手上吗？

当然，朱祐樘实属异数，在他那个时代就更显得难能可贵！

---

① 《明史纪事本末·弘治君臣》。
② ［美］牟复礼、［英］崔瑞德（编）：《剑桥中国明代史》，上卷，中国社会科学出版社1992年版。

第八章

万历中兴

> **提要**
>
> 明神宗即万历皇帝朱翊钧在任期间（1572—1620年），三大征告捷，张居正大刀阔斧改革，戚继光抵御倭寇，国内外暂且安宁，并有一系列意外的经济文化成果。
>
> 万历与少数忠臣能臣建立了亲密的关系，并巧妙地利用这种关系，与虽然大幅减员但效率更高的文官集团保持一定的正常关系，从而保持整个国家机器仍能较好地运转。

来龙：盛世的水分

明穆宗朱载垕当政时期，解除海禁，与蒙古议和，全世界白银总量1/3涌入中国，2/3贸易与中国有关，中国距资本主义仅一步之遥，被誉为"隆庆之治"。

其实朱载垕不是一个好皇帝,最大特点一是懒惰二是好色,年纪轻轻沉湎于声色,上任短短6年就倒在美女怀里起不来,年仅36岁。可他运气好,有一班杰出的大臣,例如大名鼎鼎的张居正、戚继光、俞大猷等,只要他开明些,不逞能,不瞎指挥,少过问,会有人帮他干得好好的。

当然,也有体制文化上的原因,朱载垕难以摆脱。明朝对中央机关五品以下官员的考核每6年一次,朱载垕上台时刚好碰到。吏部尚书杨博主持这次考核,结果他山西同乡没一个受处分,引起公愤。胡应嘉弹劾杨博挟私情庇同乡,问题是胡应嘉作为吏科给事中理应参加考核这事,事先不提异议,事后才弹劾,反而引起朱载垕反感,令内阁处分。又因为胡应嘉曾经弹劾内阁大学士高拱,高拱抓住这机会将他革职。这引起言官们强烈不满,倾巢而出抨击高拱。高拱很难堪,于是请另一位大学士徐阶代拟圣旨,廷杖这些言官。当时规定:弹劾大学士有误,得受廷杖甚至罢官。高拱的请求并不过分,但徐阶与他心里其实也有疙瘩,便拒绝。高拱生气了,指使手下揭露徐阶的弟弟在乡里作恶。这引起言官们更大怒火,高拱实在招不住架,只得辞职不干。大臣们相互攻讦,此起彼伏,让朱载垕深感厌倦。他也变得不爱上朝了,要么躲在深宫寻欢作乐,要么外出游猎。

朱载垕死前一年即嘉靖三十年(1551年),军费开支需银525万两,修边、赈济等事业需800万两,两项合计1300万两,而正税、加派、余盐贩卖加上其他搜刮总共才900万两;隆庆元年(1567年)底,国库仅存130万两,而应支官军俸135万、边饷236万,补发年例银182万,3项总支需553万两,现银只够3个月开支,这家怎么当?[①]

[①]《中国历史大事编年》卷4,北京出版社1997年版。

隆庆六年（1572年）朱载坖死，其子朱翊钧继位，即明神宗，但他更著名的称呼是"万历皇帝"，还是从众吧！

最大看点：张居正大改革

万历继位时10岁，由母亲李太后处理朝政。朱载坖托孤三位辅臣：大学士高拱、张居正和高仪。没几天，张居正就与太监冯保合谋，将高拱赶走，高仪不久被气死。所幸李太后充分信任张居正，张居正与冯保两人合作得不错，从此一个主外一个主内，朝政很快出现新气象。

新旧交替之际，表面说是从一个盛世到另一个盛世，实际上朝政危机已经到了难以为继的地步。张居正一方面着眼长远，进呈《帝鉴图说》，找些历史上的经典案例，其中应学习的八十一事，应避免的三十六事，每一事绘一张图，希望年少的万历牢记在心。另一方面正视现实，直陈当时五大积弊：一是宗室骄恣，二是百官困苦，三是吏治守旧，四是边防军备未修，五是财政极紧。我们完全可以设想一下：假如自己家里只剩3个月的钱粮，你还能不急吗？在李太后支持下，张居正一边大力营造改革氛围，主张"凡事务实，勿事虚文"，"天下之事，极则必变"，痛斥墨守成规的人为"腐儒不达时变"，一边大胆推行系列新政。

一是针对官僚争权夺利、玩忽职守的腐败之风，实行"考成法"。通俗些说，考成法相当于我们现代企事业单位普遍实行的考核制度，特别类同现代政府部门上级与下级或领导与职员签订"目标责任状"，知府在年初把今年要做的事列出，抄报张居正。历史上的统治者，吴思称之为"擅长舞文弄墨的集团"，入木三分。朱东润还生动地描述了张居

正那个时代的具体情形:

> 十六世纪的中国民族血液里,已经渗透了因循的成分,"置邮而传之四方",成为一切政令的归宿。法令、章程,一切的一切,只是纸笔的浪费。几个脑满肠肥的人督率着一群面黄肌瘦的人,成日办公,其实只是办纸!纸从北京南纸店里出来,送进衙门,办过以后,再出衙门,经过长短不等的公文旅行以后,另进一个衙门归档,便从此销声匿迹,不见天日。①

如此,纵然尧舜再世也是空的。因此,张居正特别重视官僚队伍的执行力,要求各衙门分置三本账簿,一是记载一切发文、收文、章程、计划的底册;二是送中央相关"科"备注,实行一件注销一件,如果久未实行便由相关部门督促;三是报送内阁查考。张居正的设计是:以内阁控制六科,以六科控制六部。张居正是个非常认真的人,亲自审核各种上报来的材料,甚至亲自设计各种报表的格式。到年末核对完成情况,没完成的知府贬为县令,如果还不能完成继续贬,直到贬为庶民。同时"斥诸不职","省冗官",淘汰并惩治一批不合格甚至腐败的官员。结果,官员"自是,一切不敢饰非"②,朝廷号令"虽万里外,朝下而夕奉行"③,执行力大为提高。

二是针对国库吃紧,张居正认为"豪民有田不赋,贫民曲输为累,民穷逃亡,故额顿减",是"国匮民穷"的根源,于是令全国重新丈

---

① 朱东润:《张居正传》,生活·读书·新知三联书店。
② 《明史》卷213,张居正传,62册。
③ 《明史》卷213,张居正传,62册。

量土地，清查漏税的田产，结果查实征粮土地701万顷，增加近300万顷，换言之赋源大大增加。同时，大力改革赋税制度，实行"一条鞭法"，即以州县为基础，将所有赋税包括正税、附加税、贡品，以及中央和地方需要的各种经费和全部徭役统一编派，并为一条，总为一项收入；赋、役之中，除国家必需的米麦丝绢仍交实物和丁银的一部分仍归人丁承担外，其余"皆计亩征银，折办于官"；官府用役，一律"官为佥募"，雇人从役。改革结果，史称"至万历十年间，最称富庶"。万历十年即1582年，张居正去世、万历亲政那年。

三是针对边防问题，起用戚继光镇蓟门、李成梁镇辽东，又在东起山海关、西至居庸关的长城上加修烽火台3000多座。同时在边境地区互市，马匹大增，使边疆在政治、经济上保持稳定。

朱东润对张居正评价非常高，称他"为明王朝的统治，延长了七十二年（自隆庆六年张居正为首辅起至明亡）的存在"[1]。李贽评价晁错"可以说不善谋身，不可说不善谋国"，或如狄仁杰所谓"苟利于国，岂为身谋"，这话也适用张居正。现在来看，历史对他评价也是公正的，只是当时过不了关。这是中国历史上改革者的宿命。

万历五年（1577年），因为父亲去世，张居正必须离职回家守孝3年。这在孔子时代就争论过，在明朝变得特别重要。不过可以"夺情"，即皇帝觉得国事离不开某大臣，可以剥夺他守孝3年的礼制。当时万历只有15岁，改革事业正进入攻坚阶段，自然不愿张居正突然离职去守孝，于是在太后支持下实施"夺情"。然而，张居正贬不合格的官，又查大户隐瞒的田产，虽然有益于国库和部分农户，但直接

---

[1] 《张居正传》。

损害了权贵们的切身利益，早就有人怀恨在心。于是，他们趁机攻击张居正不孝，比当年反对朱厚熜不肯改变对父母的称呼强烈多了。王世贞认为张居正的新政是跟全国读书人作对，而"一条鞭法"以原有赋税为基础，将原来加派的非法税赋也合法化，总体上加重了百姓的负担。如此，这场改革虽然让国库丰盈，但官员和百姓怨恨得很，总有一天爆发。

万历十年（1582年），张居正病逝。万历为之辍朝一天，并给张居正崇高礼遇，谥"文忠"，赠"上柱国"衔，并荫一子，赏丧银500两。然而，那些在张居正改革中受伤害的人马上疯狂地反扑，肆意攻击新政及张居正本人。仅仅两年后的万历十二年（1584年），万历在都察院参劾张居正的奏疏上批示：张居正"诬蔑亲藩，侵夺王坟府第，箝制言官，蒙蔽朕聪，专权乱政"①，本当断棺戮尸，但念他多年效劳，姑且加恩宽免。于是令司礼张诚等人抄张居正的家，可是没等张诚一行人到达，地方官抢先一步封了张府的门，一些老弱妇孺来不及退出竟然被封闭于张府，活活饿死十余口，何等仇恨！②柏杨认为张居正是明王朝所有宰相中，唯一的敢负责任而又有远大眼光和政治魄力的一位，但他没有公孙鞅当时的背景和王安石所具有的道德声望，更没有触及社会经济以及政治制度不合理的核心，他不过像一个只锯箭杆的外科医生一样，只对外在的已废弛了的纪律加以整饬。"他失败后，十年的改革成果，逐渐化为乌有。一切恢复原状，黄河照旧泛滥，戚继光被逐，边防军腐败如故，守旧的士大夫、乡绅、宦官，一个个

---

① 黄仁宇：《万历十五年》，中华书局2006年版。
② 《明史》，"诚等将至，荆州守令先期录人口，锢其门，子女多遁避空室中。比门启，饿死者十余辈。"

额手称庆。"①

张居正为什么没有"王安石所具有的道德声望"？我想主要是他过于迷信权力，甚至毫不掩饰地声称："吾非相（宰相），乃摄（摄政王）也。"对于不同意见不是像盘庚那样苦口婆心去说服，而是粗暴地压制，万历七年（1579年）甚至公然毁天下所有书院并严禁士人结社讲学。著名哲学家、南京大学教授许苏民评论：

> 张居正推行改革，本身就被正统儒学家视作离经叛道，却还要效法孔夫子迫害思想异端。这看似荒诞，却反映了张居正集团在意识形态上消极适应传统中国国情的心态。而张居正亦未能逃脱传统的意识形态对他的清算。②

这是一种怪圈，也是一种报应：他不让别人说话，到头来也没什么人为他说话！

张居正死后，万历亲政。亲政之初，万历也表现得像个中兴之主，每天处理朝政十余个小时。北京干旱，他亲自步行到城南的天坛为百姓祈雨。生活也节俭，有勤勉明君之风范。然而，他很快碰了一鼻子灰。那些反对张居正的大臣，在倒张之后，迅速将矛头转向他，批评他一些鸡毛蒜皮的私生活，比如不该宠爱德妃郑氏而冷落恭妃王氏，又如不该亲自观看御林军射箭比赛，等等，全都是关于"礼"的小事，没一件关涉国计民生的大事。

万历九年（1581年）某日，万历到慈宁宫向慈圣皇太后请安，她

---

① 《中国人史纲》下册。
② 许苏民：《李贽的真与奇》，南京出版社1998年版。

不在，宫女王氏端水给他洗手。他一见王氏那红酥之手立时兴起，临幸王氏，王氏立马怀孕。太后追问，他不承认。太后命人取《内起居注》查看，他无法抵赖，只好封王氏为恭妃，第二年生下长子朱常洛。但他内心仍然悔恨。他真心爱的是郑氏。万历十四年（1586年），郑妃生下第三个皇子朱常洵，万历非常高兴，立即封她为贵妃。传言说万历与郑贵妃到大高玄殿盟誓，要立朱常洵为太子。为此，大臣纷纷建议尽早按礼制册立朱常洛为太子。万历以长子幼弱为由，表示等两三年再说。大臣们深为不安，于万历十八年（1590年）集体请愿，要求册立朱常洛。万历只好推至明年或皇子15岁时，之后又一次次推延。万历二十一年（1593年），万历要求将皇长子朱常洛、三子朱常洵和五子朱常浩一并封王，以后再择优为太子，朝中又大哗。在慈圣皇太后干预下，万历二十九年（1601年），万历终于做出让步，立朱常洛为太子。《礼记》说"敬冠事所以重礼，重礼所以为国本也"，所以太子之争被称为"国本之争"。

万历在这件事上彻底失败，我们今天想来有些不可思议，但他的心情可想而知。黄仁宇《万历十五年》像写小说一样描述："皇帝那个作威作福的样子，放不下架子，事事也不顺心……外强中干，实在是苦闷的。"仅仅4年时间，万历完全变了一个样，创造另类"新政"：30年不出宫门，不郊游，不庙祭，不上朝，不见臣，不批示，不发表讲话，比他祖宗能"罢"多了。为什么呢？有的说染鸦片烟瘾，有了烟不顾一切。有的说沉湎于酒色，有时一天要宠九嫔。令人大跌眼镜的是，他还喜欢小太监。当时宫中有10个长相俊俏的太监，专门"给事御前，或承恩与上同卧起"，号称"十俊"。

如此"新政"，显然要误政，大臣们难以容忍。早在1589年，大臣雒于仁就写《酒色财气四箴疏》，一针见血指出"皇上之恙，病在酒色财气也。夫纵酒则溃胃，好色则耗精，贪财则乱神，尚气则损肝"，强调"臣今敢以四箴献上，假若陛下肯听臣言，即使立即诛杀臣，臣虽死犹生"。一个人死都准备好了，难道真要成全他吗？万历将此疏交给首辅申时行，申时行让雒于仁辞职了事。从此，万历对大臣们更烦，奏章都留而不批示。

更糟的后果是，在"国本之争"当中受处罚的顾成宪等人，在江苏无锡东林书院聚集讲学，坚持儒家正统，继续讽议时政，朝中官员也遥相应和，自负气节与朝廷对抗，形成"东林党"。同时，浙江籍沈一贯入阁，极力维护万历主张，形成"浙（浙江）党"，后来又增加"齐（山东）党""楚（湖广）党"。这三党都反东林。两派势力倾轧相斗半个世纪，误国不浅。此外，还有各种各样的小集团，一省一县的为"乡谊"，同一年考中举人或进士的为"年谊"，婚姻关系包括男女双方远近亲属为"姻谊"。《剑桥中国明代史》认为："东林运动只实现了一个政治目标。它彻底阻挠了万历皇帝改变继位顺序的企图。这证明皇帝没有他的官僚们的同意，绝不可能改变他们认为的王朝的根本法则。"[①]这些小集团也是一个个利益圈子，往往也为私利钩心斗角，最大受害者常常是朝政。据统计，随李自成进北京的有进士11人，其中牛金星是自愿投奔的，成为其重要谋士，并认为河南、陕西和山西许多上层士大夫都因受到东林党的排挤而对明廷不满，极力鼓动李自成争取更多文人学士的支持。阉党头目魏忠贤罪恶累累，但绝不是一无是处。魏忠贤凭直觉干了一件大实事——税制改革，就是增加并强力推进工商税、海

---

① 《剑桥中国明代史》上卷。

税等税种，同时减免农业税。这改革几乎是史无前例的，但符合当时国情，使以农业为主的中西部地区得以休养生息，现在我国也是免农业税而多收工商税。然而，当时工商税主要集中在较发达的江南地区，换言之此举影响到那一带士大夫的私利，东林党人就强烈反对。魏忠贤论理说不过那些读书人，只好动粗，结果双输。

当时官至崇祯朝礼部尚书的徐光启，对阉党和东林党都十分厌恶，坦言"党与二字，耗尽士大夫精神才力，而于国计民生，毫无干涉，且以裕蛊所为，思之痛心，望之却步"，并直言批评"名理之儒士，苴天下之实事"①。苴指腐草。于是，徐光启转而致力于数学、天文、历法、水利等方面的研究，译有《几何原本》等，著有《泰西水法》《农政全书》等，为17世纪中西文化交流做出了重要贡献。我常想：历史上朋党之争留下的阴影太深了？

还不能不说说意外的成果。

明朝自朱元璋开始取消宰相制度，皇帝是唯一决策者。万历却不上班，又不肯轻易授权给大臣，整个官府陷于停顿、半停顿状态，中央部门十缺六七，有些重要部门一空几年，6科只剩4人，全国13个行政区主官只剩5人。礼部尚书李廷机年老多病，辞职书递了120多次，一次也没回音，只好不告而别，可也没追究，整个朝中像空殿一般。最惨的是被关在牢里的，有罪没罪十年八年也没人过问。然而，在这种情况下，却没发生全国性混乱，也没外部入侵，说明了什么？

万历"新政"意外收获了一系列可喜成果。中国的资本主义一直

---

① 《徐光启集》卷10，《复周无逸学宪书》。

被抑制，但这时期由于政府的监管力度减弱，出现了资本主义萌芽。文化等方面也如此。

思想

李贽对男尊女卑、社会腐败、假道学大加批判。著名哲学家、南京大学教授许苏民认为：

> 李贽的学说使他处于万历年间中国社会时代矛盾的焦点上。这一焦点就是：是继续维护封建的泛道德主义、用"死的"来拖住"活的"，还是冲破封建的泛道德主义、用"新的"突破"旧的"，替朝气蓬勃地创造自己的新生活的人们开出一条新路。[①]

明史专家黄仁宇说李贽关于君主的评价，与欧洲哲学家马基雅维利极其相似，并说："他给我们留下了一份详尽的记录，使我们有机会充分地了解当时思想界的苦闷。没有这些著作，我们无法揣测这苦闷的深度。"[②]

黄仁宇将万历十五年（1587年）视为明王朝失败的总记录，而许苏民主张应断限于李贽被迫害而死的万历三十年（1602年）。李贽的思想漂洋过海，对日本知识界产生了积极的影响。

文学

汤显祖的戏剧《牡丹亭》，通过杜丽娘和柳梦梅生死离合的爱情

[①]《李贽的真与奇》。
[②]《万历十五年》。

第八章　万历中兴

故事，歌颂了反封建礼教、追求自由幸福的爱情观和强烈要求个性解放的精神，汤显祖被称为"东方的莎士比亚"。著名小说《金瓶梅》产生于这时期，学者格非认为："《金瓶梅》的伟大，因它堪称第一部全景式、多层次描绘社会人情及现实状况的旷世之作，就再现社会生活而言，即便是《红楼梦》也有所不及。"①《西游记》作者吴承恩也生活于这时期。

很难想象当时社会：一方面官府"革尽人欲"，另一方面是民间人欲横流，两极冲撞，产生了如此伟大的言情小说甚至"色情小说"。

艺术

宗室朱载堉《乐律全书》对宫廷祭典尤其是文庙祭祀孔子的乐舞进行了改造，虽然在本国没能付诸演出，其舞蹈图示却通过法国传教士传到欧洲，多达1400页。他率先提出的十二平均律的等比数列原则，以及解决管口误差的"异径管律"法，除音乐意义外，还是16世纪世界声学研究的重大成就。学者葛剑雄说："如果当时已设立诺贝尔物理学奖，他很有可能成为获奖者。"②此外，还有李之藻的《頖宫礼乐疏》记载的祭器、祭典音乐传到日本。

科技

李时珍的《本草纲目》出版于这时期，流传至今。宋应星的《天工开物》详细记述了当时农作物和手工业原料的种类、产地、生产工艺、生产设备等，传到日本后，宋应星被称为"中国的狄德罗"。狄德

---

① 格非：《〈金瓶梅〉很伟大，〈红楼梦〉也有所不及》，《南都周刊》2014年12月13日。
② 葛剑雄：《徐霞客与朱载堉的不幸与幸》，《新青年·权衡》2006年4月号。

罗是 17 世纪法国启蒙思想家、唯物主义哲学家、作家、百科全书派的代表人物。西方历法也是这时期流入中国的。

中外交流

中国长期自以为是世界的中心，随着交通扩大，才逐渐认识世界真面目。春江水暖鸭先知，天下事理一般是读书人先知。宋末元初的文人周密已发现中国只不过是世界的很小一部分，他说"十二州之内，东西南北不过一二万里，外国动是数万里之外，不知几中国大"，如果以二十八宿来分配天下，"中国仅可配斗、牛二星而已"①。

这时期中国开始发生历史性的深刻变化。中国像一个幽锁深闺的漂亮姑娘，终于让遥远的西方注意到并开始求爱。1986 年，英国伊丽莎白二世女王首次访华，激动地说："我的祖先伊丽莎白一世②曾写信给中国万历皇帝，希望中国皇帝考虑发展中英贸易。不过，特使在出使时发生了不幸，船在开往中国的路上遇到了风暴，这封信始终没有送到。"幸运的是，这封沉入大西洋海底的信件于 1978 年被打捞上来，女王将它的副本送给了中国。这封信的内容是希望中国能够同意与英国的贸易往来，并且给英国商人在中国通商的权力，英方和中国都能够在贸易中获取利益。

更重要的是万历年间来了一位叫利玛窦的意大利天主教耶稣会传教士。他最早到印度，后转至澳门并在那里学汉语和日语，再后来入广东肇庆，带来欧洲文艺复兴成果，系统地学习中国传统文化，传入现代数学、几何、世界地图、西洋乐等西方文明，所制作的《山海舆地全图》

---

① 周密：《癸辛杂识》。
② 1558 年至 1603 年在位。——编者注

使中国人首次接触到近代地理学知识。后移居韶州，开始蓄发留须，并穿儒士服。他攻读《四书》，并首次将此译为拉丁文，是第一位阅读中国文学并对中国典籍进行钻研的西方学者。他在中国公开传教，用中国的"上帝"偷换"天主"概念。1601年初抵北京，向皇帝进呈自鸣钟、大西洋琴、《圣经》、《万国图志》等贡品16件。万历十分有兴趣，下诏允许利玛窦等人长居北京，作为欧洲使节驻紫禁城，享受俸禄，广交中国官员和社会名流，传播西方天文、数学、地理等科学技术知识，直到清顺治年间去世。利玛窦先后将150余种西方书籍翻译成中文，这些书籍对中国和日本等国产生了深刻的影响。我们现代使用的加拿大、罗马、古巴、地中海、尼罗河、南极、北极、地球、赤道等名词，都是利玛窦创造的。

利玛窦的世界地图给中国带来极大震撼。日本作家平川佑弘认为利玛窦不仅是"人类历史上第一位集欧洲文艺复兴时期的诸种学艺和中国四书五经等古典学问于一身的巨人"，还是第一位"世界公民"。

中国人本来是最早认识世界的，早在战国时期，阴阳学代表人物邹衍就提出"儒者所谓中国者，于天下乃八十一分居其一分耳"，这数字虽然不太准确，但他明确认为中国只是世界很小一部分，而不是"天下"。然而，此后千年国人还是以"天下"自高自大，直到利玛窦才开始重新认识世界。复旦大学历史系教授葛兆光说，这标志着"中国人才真正开始看到了'世界'，在思想上出现了'天崩地裂'的预兆"。[①]越来越多读书人开始省悟，例如明末著名学者瞿式谷说："尝试按图而论，中国居亚细亚十之一，亚细亚又居天下五之一，则

---

① 葛兆光：《宅兹中国》，中华书局2011年版。

自赤县神州而外,如赤县神州者且十其九,而戋戋持此一方,胥天下而尽斥为蛮貊,得无纷井蛙之诮乎?"①开始质疑孤立于其他文明,并扬扬自得于自己文化优势的"朝贡体系",并且认为自古以来的"天下""四夷"说是不成立的,而应当树立"东海西海,心同理同"的观念,承认世界各种文明是平等的、共通的,而且有一些超越民族、国家界限的普遍真理。

去脉:皇帝也贪钱

皇帝本人就贪腐,说来令人不敢相信。2000多年前就开始"普天之下,莫非王土;率土之滨,莫非王臣",帝王还需要"私房钱"吗?司马炎当上皇帝后,得意地问随从刘毅:"你看,朕能跟哪位汉帝相比?"万万没想到,刘毅居然回答:"桓帝、灵帝。"司马炎吓一大跳:"他们是昏君、亡国之君啊!"刘毅正色说:"桓帝、灵帝卖官所得钱还入国库,陛下卖官得钱都入私人腰包,在这方面陛下还不如桓帝、灵帝。"司马炎听了又好气又好笑。又如史载:唐敬宗李湛向"左藏库"(国库)索现银10万两、金7000两,"悉贮内藏,以便赐与"。

万历则明着告诉天下:皇帝非常需要私房钱。皇室用的钱属"内帑",与国库有所不同。国库的钱有账本,皇帝用也得通过大臣,诸多不便。内帑是皇帝的私房钱,爱怎么用就怎么用,拿到妓院赌场去挥霍也没人知道。特别是明朝的儒臣,什么都要说三道四,而万历连大臣面都不愿见,更得内帑有钱。因此,万历二十四年(1596年)开

---

① 瞿式耜:《职方外纪·小言》。

始，万历帝派宦官去监督矿业，收取"榷"（皇帝专利征税），很快波及河南、山东、山西、陕西等地。朝野一片反对，纷纷进谏劝阻，万历帝不理。同年又派宦官到通州征税，并到天津征店租。从此两三年间，各省设税使，多兼矿务。大臣进谏反对，万历帝不听。万历二十六年（1598年）派太监鲁保去卖两淮没收的官盐，鲁保连国库积盐也卖了，多达4560万斤。为此，户部尚书赵世卿进言："额外多取一分则正课少一分，而国计日绌，请悉罢无名浮课。"万历自然不理。第二年分别派宦官到京口、仪真征榷，随后又分别派宦官到浙、闽、粤市舶司负责外贸。同时，派宦官榷浙江、广东等地，通都大邑无不遍设，且一个个穷凶极恶。辅臣沈一贯还算了一笔账：太监一人的随从会有上百，委派不下10人就会有上千随从，以每家10口算就是上万人；按他们每人日给千金计，一年就得花费40多万，可是收上来的矿税总共几万，得不偿失啊，"乞尽撤之"。为此，只是将名目略变一下，集中于矿使一身。

　　大臣谏言没用，接下来民众动粗是自然的事。宦官马堂任天津税监，并辖临清。他手下数百人，征税扩大到米豆，大白天也敢夺人财产，稍有反抗便以"暴力抗法"之名治罪，中产人家很快有半数破产，民愤极大。利玛窦路过临清，马堂将他拦下，将珍贵物品抢走。利玛窦给北京的朋友写信，想请他帮忙，没想回信说："你奏皇上也没用！如今皇上只听宦官一面之词，眼下最好的办法是求助于宦官，舍财保命。"数万人群起反抗，焚烧马堂官署，并杀其走卒34人。百余官吏为此上疏，朝中还只是镇压民众，而不处理马堂。

　　万历三十年（1602年），万历突然病重，似乎良心发现，连忙撤矿监。然而，才一夜时间，病一好转他就后悔，相继派20名宦官去各地收回撤矿监的圣旨。这年春,腾越与两广相继爆发反矿税民变。景德镇万余瓷工反税监潘相,烧税署,击毙从官。万历三十三年(1605年),阁臣沈鲤进言说矿税使天下山川"灵气尽",不仅害民还将危及皇上龙体,万历这才有所惧,下令罢停矿税,矿务归主管部门,收入一半归内府(宫廷内库),一半归户、工二部,但矿监仍没有撤,仍然在地方作恶。高寀驻福建海澄,作威作福,无恶不作。当地时人记载:"寀衔命南下,金钲动地,戈旗绛天,在在重足,莫必其生命。而黜吏、逋囚、恶少年、无生计者,率望羶而喜,营充税役,便觉刀刃在手,乡里如几上肉焉","寀不论有矿无矿,但与富人庐墓相连处,辄命发掘,必饱行贿乃止",甚至听信方士胡言吃童男童女的脑髓可以恢复阳道,"税署池中,白骨齿齿",恶名昭彰。直到万历四十二年(1614年)广东税珰死了,万历调高寀去接任,忍无可忍的福建人民"所在欣欣",可是"粤人已歃血订盟,伺寀舟至,必揭竿击之,宁死不听寀入也"。这时,福建巡抚袁一骥连上疏:"伏望皇上……将寀亟行撤回正法。"连上了5次。同时,湖广道御史周起元也为此上疏"乞速行正法"①。万历这才不得不将高寀召回,但高寀不知所终,也即有没有治罪无人知晓。

万历四十八年(1620年)万历死的时候,才认识到自己种种弊政,在遗诏中痛表追悔,令罢矿税、榷税及监税宦官,发帑金200万两慰问辽东前线将士。我很怀疑这遗诏跟朱厚熜的遗诏一样,并非他的本意,而是继任者趁他弥留之际强加于他。

万历的继承人果然是朱常洛,某种意义上说"国本之争"真是大臣们赢了。朱常洛这年39岁,年富力强,想干一番事业。在料理老爹

---

① 张燮:《东西洋考》卷8,税珰考。

后事的同时，20来天干了3件大事：一是用皇帝的私房钱犒劳边关将士，二是罢免矿税减轻百姓负担，三是复职、提拔一批官员，使国家机器能够正常运转。可他太好色了。万历的宠妃郑贵妃别有用心，送他几个美女，没几天就让他倒在后宫不能起床。本来这算不了什么大病，静养些时日就能康复，偏偏他又吃错了药。第一服是泻药大黄，服下之后一个晚上泻三四十次，病情反而加重。第二服药是两粒红丸，红丸说白了就是女人经血等做的，秘方说是能止泻。朱常洛吃下第一粒红丸感觉还好，第二粒吃下，第二天一大早就驾崩，在位只有29天。最终看来，"国本之争"大臣们也没赢，结局双输。

接下来的朱由校是中国历史上最著名皇帝之一，但是臭名昭著。他贪玩木匠活，而将朝政委以更臭名昭著的太监魏忠贤。那么，魏忠贤利用皇权干了些什么？

一是四处揽权。有人要求追查关于朱常洛吃红丸而死等大要案，魏忠贤接手，掌控司法。他说皇帝要视察前线，派太监到军中了解情况。他还兼管东厂。万岁是皇帝的代名词，魏忠贤则自称九千岁，甚至九千九百岁，就像最高最高的山离太阳只差那么丁点。皇帝则常称"朕与厂臣"。

二是排除异己。东林党反对魏忠贤，并要求惩治。天启四年（1624年），杨涟上奏《二十四罪疏》，细数魏忠贤24条罪状，要求将魏忠贤就地正法。结果还是给皇帝保下。魏忠贤喘过一口气，马上反咬一口，说杨涟等人公行贿赂，并将他活活打死。魏忠贤指示编一本《东林点将录》，利用《水浒传》108将命名，逐个打击。

三是培植亲信。魏忠贤提拔大批自己的亲信，安插到各个要害部门，人称"五虎""五彪""十孩儿""四十孙"。朝中大小官员争着认魏忠贤这个阉人为义父，有的人年纪太大便叫自己儿子认魏忠贤为"上公祖爷"。各地争着为魏忠贤建"生祠"，活生生叩拜一个太监。

当时官场之腐败是普遍的。像张居正这样杰出的人物，也一边反腐倡廉，一边行贿受贿。我的长篇小说《兵部尚书佚事》写的就是这时期。主人公李春烨算是个忠厚的人，进士及第后仕途平平。只因偶然卷入魏忠贤圈子，忽然飙升。然而，他是怎么当这尚书的？没查到具体资料，简直令人怀疑他是否真有当过。李春烨在泰宁城内建了一幢豪宅，据推算至少要20万两银子，而当时尚书二品官年薪只有152两银子，换言之需要一个尚书1000多年的工资！这幢尚书第现为国家重点文物保护单位，如果你亲眼看看，对那时期的官场便会有更深刻的理解。

朱由校折腾7年死了，其弟朱由检继位。这时，朝中大臣纷纷上疏揭露魏忠贤的罪行，要求查办。朱由检便大打出手，逮捕一大批魏忠贤爪牙，彻底清查阉党。

学者樊树志是晚明史的权威，近年推出5卷本《重写晚明史》。在其后记当中，他将这200多万字简单地归纳为一句话："仅仅有经济的繁荣，没有政治体制的相应变革，没有把内忧与外患消弭于无形的能力，那么培育繁荣之花的王朝就会走向末路。"[1]

《明史》明确写道："论者谓明之亡，实亡于神宗。"[2]黄仁宇享有盛誉的《万历十五年》一书，深入剖析1587年（即万历十五年）的详情，认为明朝实际上是亡于这一年。这一年，万历开始不上朝，戚继光死了，张居正则在万历十年（1582年）死并被抄家，几根栋梁全倒，大明

---

[1] 樊树志：《重写晚明史：新政与盛世》，中华书局2018年版。
[2] 《明史》卷21，神宗纪，58册。

这幢大厦还能撑多久?

末了,且评说几句。

其实万历乏善可陈,问题实在是比成果多,但我仍想挑些他的好话说。

万历自称早慧,胆子更大,竟敢几十年唱"空城计",空前绝后。究其原因,黄仁宇认为"其动机是出于一种报复,因为他的文官不容许他废长立幼,以皇三子常洵代替皇长子常洛为太子。这一愿望不能实现,遂使他心爱的女人郑贵妃为之悒郁寡欢"①。除此之外,我觉得万历可能还有一种积极的考虑。事实上,万历并没有彻底甩手不干,只不过是有所为有所不为,对于那些形式主义的东西坚决不为。他不在乎大臣怎么批评,肯定也不在乎历史怎么写他,全然我行我素,为所欲为。千古帝王中能像他这么"潇洒"的,似乎找不出第二个。

万历十四年(1586年),万历主持殿试。殿试由皇帝亲自出题,所以又称"御试"。这次,万历出题:《无为而治》。这无疑是万历的心声,原来他崇尚"无为而治"的韬略。换言之,他的"罢工"是否"无为而治"的一种形式?大臣太爱争论那些无谓的话题了,索性不理他们。老子认为,最好的国家不知道统治者是谁。②从这个角度讲,只有万历做到了。

当然不能全都不理,朝中可以百日千日万日"无君",不可一日无贤臣能臣。宋人说:"自古辅相未尝虚位,惟唐大和中甘露事后,数日

---

① 《万历十五年》。
② 老子:《道德经》,"太上,不知有之;其次,亲而誉之;其次,畏之;其次,侮之。"

无宰相。"① 万历即位后第一个十年，即隆庆六年（1572年）至万历十年（1582年）欣欣向荣，北方边患和东南倭寇平息，国库充盈。当时，万历10—20岁，没有亲政，主要靠首辅张居正。对万历而言，将权力委以张居正，初期年幼自然是无奈。可是后期，他完全可以亲政。如果说万历大器晚成，后期能力还差，那么太后完全可以收回权力。在这种情况下，万历和太后仍然放手让张居正干。万历五年（1577年）秋，张居正父亲去世，按礼制需要离职回家守孝3年。那些暗恨张居正的人大松一口气，没想到万历"夺情"强行将他留下。那些大臣不相信是万历不肯，大肆攻击张居正不孝，想趁机把他赶回家。万历大怒，说那些攻击张居正的人实际上是藐视皇上，将所有参弹的人予以严惩。于是，张居正破例在宫中穿着丧服办公，守孝与尽忠两不误。这就不能不说是一种高度信任。张居正偶感风寒，万历还曾亲手调制椒汤面给他吃。太后信佛，有次准备将私房钱捐修涿州的娘娘庙，张居正却建议捐修北京城外的桥，她欣然听从。在他们看来，张居正是个可以信赖的人。至于后来清算，另当别论。

再说张居正之后的申时行，黄仁宇评论："由于态度温和，申时行才获得皇帝的信任并建立了亲切的关系。多年来，这位首辅正是巧妙地利用这种关系，促使皇帝的一举一动接近于文官集团的期望。"② 换言之，是否可以说正是由于万历与少数忠臣能臣建立了亲切的关系，并巧妙地利用这种关系，从而与虽然大幅减员但效率更为提高的文官集团保持一定的正常关系，进而保持了整个国家机器仍能较好地运行？实际上，万历很可能并不是人们印象中的长期"罢工"，而仍然"一应本章，无不

---

① ［清］毕沅：《续资治通鉴》卷3，中华书局1957年版。
② 《万历十五年》。

省览独断，次第举行"①。

如果万历不是这样，虽然天天照常上下班，但也就混日子，国家机器能否正常地运行？能否保证不让奸臣钻空子，将朝政甚至整个国家搞乱？如果他不是对少数重要的大臣保持信任，而像李从厚，那就糟了！

李从厚是五代十国时期后唐皇帝。他从小好读《春秋》，深谙微言大义，待人寡言但有礼，父死继位。然而，他有个致命缺点：疑心过重。李从珂是他父亲的养子，因屡立战功被封为潞王，任凤翔节度使。李从厚怕他阴谋夺位，将他儿子李重吉外调为亳州团练使，把他一个已经削发出家的女儿召进宫做人质。又将李从珂本人调开，而让自己的堂兄弟李从璋调任凤翔节度使。对此，李从珂非常愤怒，担心接下来更麻烦，便拒绝服从调令，起兵造反。这时，军中羽林指挥使杨思权也突然反戈，率众投奔李从珂。不久，李从珂率军攻陕州，距后唐都城洛阳很近了。李从厚慌忙召见宦官孟汉琼，让他去魏州安排退路。不想这平时唯唯诺诺的太监头子在这关键时刻竟然也不应召，李从厚只好独自逃走。在卫州遇成德节度使石敬瑭，李从厚大喜，以为碰上大救星。李从厚忘了，石敬瑭也是不受信任的，现在也反叛。石敬瑭将他礼貌地安置到驿馆，自己率军向洛阳进发，与李从珂会合。李从珂进洛阳，即皇帝位，废李从厚为鄂王。不日，李从珂派人给李从厚送鸩酒，李从厚的疑心最后发挥作用，不肯喝，使者便用绳子将他活活勒死。李从厚在位实际才半年，两年后石敬瑭又勾引契丹兵叛李从珂，后唐彻底灭亡。如果李从厚能像万历，信任文官武将，李从珂会反叛吗？孟汉琼会不从命不给安排退路吗？石敬瑭会不仅见死不救反而趁火打劫吗？李从珂、石敬

---

① 《明神宗实录》卷421。

瑭与孟汉琼这三个人，李从厚随便能获其中一人的忠诚都可能会有不一样的结局。

假如万历像李从厚就危险了，张居正、冯保及申时行等大臣都可能背叛，而智勇双全的戚继光如果反戈一击，大明江山非常可能真正提前毁在他手里，还能奢望"万历中兴"？

万历等几位明朝皇帝再三表明：皇帝并非想象中那么重要。其实，明朝之前就已经有众多帝王证明了这一点。春秋时代列国争霸、形势险恶，齐桓公自己也担心"三好"（好猎、好酒、好色）的毛病会影响正事，管仲却安慰说这算不上什么大碍，只要让大臣们好好去干便行，结果成就了齐国的霸业。

国家事务可以没有皇帝的亲自指导而继续进行，万历更有力地证明了这一点。

第九章
同光中兴

提要

清同治帝载淳、光绪帝载湉在位期间,至中日甲午战争前夕,与西方列强初步和解,轰轰烈烈开展"洋务运动",经济、文化及外交等方面取得初步成效。

来龙:"嘉道中衰"

由乾隆时代转入嘉庆时代像一条分水岭,将清王朝一分为二,前期从政治、经济、军事到社会、文化等,呈整体上升之势;嘉庆开始,内忧外患,很快走向衰落。表面光鲜的盛世,潜伏着诸多危机。1796年正月初一,85岁的乾隆将皇位禅让给太子,自己当太上皇。这一年成为嘉庆元年。嘉庆临朝没几天,就爆发声势浩大的白莲教起义。乾隆清闲不了,以太上皇身份指挥镇压,比以前更忙。

白莲教是中国历史上最复杂、最神秘的宗教，其教义简单，通俗易懂，容易被下层民众所接受，元、明时曾多次起事。清初又成为反清秘密组织，分布很广，黄河上下、大江南北到处都有，在直隶、山东、山西、湖北、四川、陕西、甘肃、安徽等省尤为活跃。清廷对此严控，还是多次起事。这一次规模可不小，历时达9年。

嘉庆四年（1799年）乾隆去世，嘉庆亲政，第二天就掀起反腐风暴，打下"大老虎"和珅，人们欢呼"嘉庆新政"。没想到，嘉庆的"打虎运动"虎头蛇尾。当时，国内国外形势已发生一系列千古未有之变。早在一个半世纪之前，即明清易世前后十年间，欧洲三十年战争结束，建立起"威斯特伐利亚体系"，确定了欧洲关系中应遵守的国家主权、国家领土与国家独立等原则，在现代世界秩序形成过程中具有重要意义。康熙至少在康熙五十五年（1716年）就清醒地认识到这一崭新的趋势，然而，清廷改革迟缓，对外政策趋于保守。马戛尔尼归国20余年后的嘉庆二十一年（1816年），英国再派使团访华，继续谋求与清政府建立近代国家关系，嘉庆却一度下令将他们驱遣。

嘉庆二十五年（1820年），嘉庆驾崩，其子道光继位。道光个人品德不错，生活简朴，有时晚餐是宫外买的烧饼配白开水，吃完就睡省蜡烛，穿的是带补丁的裤子，以致大臣们跟着缀一块圆绸于膝间。然而，对一个皇帝来说，光节俭有什么用？唐文宗李昂曾经举着袖给大臣看，自我表扬说："这衣裳已经洗过三次了！"大臣柳公权不客气回应说："陛下贵为天子，应当进用贤才，退黜不肖之徒，采纳规劝，严明赏罚，才能使天下和乐。穿洗过的衣裳，不过是细枝末节！"把时间拉回清朝，自道光发起厉行节约运动以来，财政状况反而比花钱如流水的乾隆时期一落千丈,"岂愈奢则愈丰,愈俭则愈啬耶"①?

人们将嘉庆至道光期间(1796—1842)称为"嘉道中衰"。顾名思义,"中衰"指中途衰落,语出《史记》,但配为专有名词,似乎只有这一个。"嘉道中衰"衰的不仅是经济、军事,而是整个制度变得腐朽不堪,难以救药。

目睹"嘉道中衰",有识之士纷纷疾声呼吁改革。大臣龚自珍指出"自古至今,法无不改,势无不积,事例无不变迁,风气无不移易",甚至使激将法说"一祖之法无不敝,千夫之议无不靡,与其赠来者以劲改革,孰若自改革"②!所谓"劲改革"即革命。大臣魏源还对漕运、河工、盐政、兵政及西方政治、经济体制进行深入研究,提出了一系列具体改革措施。无奈在僵死的理学氛围中,更多人思想是窒息的,改革建言得不到采纳。康熙至乾隆时期开海禁,设江、浙、闽、粤4个海关,道光时期仅剩广州1个海关。

英国人为了扭转贸易逆差,做起了鸦片生意。大清地方势力与朝廷三心二意,英国人视为有机可乘,越来越胆大妄为,竟至后来发展到1840年悍然发动对中国的鸦片战争。

咸丰十一年(1861年),同治皇帝即位,年仅5岁,遗诏亲王载垣、端华及协办大学士户部尚书肃顺等8人为"赞襄政务王大臣"。同年慈禧太后联手慈安太后、恭亲王发动政变,宣布载垣等"不能尽心和议""擅改谕旨""专擅"等罪行,即行废黜,并斩肃顺,赐载垣、端华自尽,其余5名辅政大臣或革职或充军。慈禧太后是咸丰妃子,同治生母,也称"西太后""老佛爷"。政变后,形成"二宫垂帘,亲王议

---

① 黄爵滋:《请严塞漏卮以培国本折》。
② 《龚自珍全集·劝豫》。

政"的格局。1873年,慈禧太后归政,同治亲政。

同治是个放荡的少年天子,同治十三年(1875年)崩,堂弟光绪继位。光绪年仅4岁,两宫再度垂帘听政。光绪七年(1881年)慈安太后去世,光绪十年(1884年)恭亲王被罢免,慈禧开始独掌大权。光绪十五年(1889年)归政光绪,不久又夺权。慈禧实际执政长达半个世纪,虽然没敢像武则天那样称帝,但对中国影响更为深远。

最大看点:"洋务运动"

大清在两次鸦片战争中接连失败,让更多国人清醒。魏源在《海国图志》一书中提出"师夷长技以制夷"的战略,强调"变古愈尽,便民愈甚",引起不少有识之士的共鸣。清廷上层形成"洋务派"与"顽固派"。洋务派主要官员有奕䜣、李鸿章、曾国藩、左宗棠、张之洞。李鸿章目睹了侵略者的坚船利炮,深思上下几千年,深切感到面临着"三千年未有之变局",沉痛地指出:

> 自秦政变法而败亡,后世人君遂以守法为心传。自商鞅、王安石变法而绝,后世人臣遂以守法取容悦。今各国一变再变而蒸蒸日上,独中土以守法为兢兢,即败亡灭绝而不悔。天耶?人耶?恶得知其故耶?[①]

宁肯败亡灭绝也不肯变法的观念,在这蒸蒸日上的世界显得越来

---

① 《李文忠公全集·朋僚函稿》。

越落伍了。洋务派认为：为壮大军力，增加国库收入，抵抗外敌，必须虚心学习西方的工业技术和商业模式，以官办、官督商办、官商合办等模式发展近代工业。咸丰十一年（1861年）初，奕䜣会同桂良、文祥上奏《通筹夷务全局酌拟章程六条》，建议开展以富国强兵为目标的"洋务运动"，又称"自救运动"或"自强运动"。太平天国等内乱稍平息后，陆续付诸实施。

军事方面创办的重要项目有江南机器制造总局、福州船政局、汉阳兵工厂、金陵机器制造局、天津水师学堂、天津武备学堂、北洋舰队、湖北枪炮厂等；民用工业方面重要项目有发昌机器厂、天津机器制造局、华盛机器纺织总厂、开平矿务局、轮船招商局、继昌隆缫丝厂、兰州织呢局、上海机器织布局、漠河矿务局、湖北织布局；金融方面重要项目有英国汇丰银行分行、英国太古洋行、德华银行、日本横滨正金银行分行等；文化教育方面重要项目有外语学校同文馆、自强学堂，法政学校兰州府学吏局，及《申报》《时报》《新闻报》等。

"洋务运动"创办了一批新工业，大量引进西方科学技术，对中国近代化进程起到了推进作用。新式海军对西方列强起到一定抵制作用，新式学堂培养了许多中国近现代重要人才，特别是海军实力迅速跃居亚洲第一、世界第六，成果不可谓不巨大。这充分说明：只要统治者不落后，中国方方面面不致落后于世界。

与此同时，清廷对外采取一种主动的姿态，如光绪元年（1875年）开始向外国派驻大使，第一位是驻英国的郭嵩焘。这可是了不起的新鲜事。此前清廷负责对外事务的机构为"理藩院"，将任何外国都视为天朝的藩属国。在列强的强烈反对下，挤牙膏式让步，改为授权两广地方政府、新设"北洋大臣"等，好不容易才设"外交部"，并委派使节驻外，这意味着终于视外国为平等了。可是，民间还非常保守。郭嵩焘是湖南人，当时的家乡人不仅不以为荣，反而觉得很丢脸，民间盛传一副对联攻击他，"出乎其类，拔乎其萃，不容于尧舜之世；未能事人，焉能事鬼，何必去父母之邦"，甚至由全体士绅开会决定开除郭嵩焘的省籍。所幸官方的认识没动摇，随后还向美国、秘鲁等国派出使节。

光绪十三年（1887年）由外国传教士、领事和商人组成出版机构"广学会"，用汉文著书，标榜"以西国之学广中国之学，以西国之新学广中国之旧学"，编译出版了大量政治书籍，发行《万国公报》，宣传宗教、西学。后来还在北京、奉天、西安、南京、烟台等地设分支机构。再如光绪十九年（1893年）废华侨海禁，从此商民在国外无论多久，都可以回国经营置业，自由出入。

据考证，"同治中兴"一词最早出现于同治十三年（1875年）陈弢所编《同治中兴京外奏议约编》书名，并将"自强新政"的某些内容纳入到"同治中兴"之中，标明"同治中兴"与历史上的中兴有极大不同。一般将此延续至甲午战争爆发前的光绪年间，称"同光中兴"，本书也如此。

此外，不能不说说当时的"太平天国"运动。

白莲教、天理教起事相继被镇压，不久又冒出声势更大的"太平天国"。广东花县的洪秀全，4次科举落第，便砸了孔子牌位，烧了儒家书籍，吸取一些基督教教义自行洗礼，到处传教。道光三十年（1850年）底，洪秀全在广西桂平县金田村组织武装反叛。洪秀全将拜上帝会转变为忠诚的军队。他们迅速壮大，咸丰三年（1853年）攻克江宁（今江苏南京），改名"天京"，建立太平天国，洪秀全自称"天王"。然后北伐西征，不断扩大战场。

咸丰十一年（1861年），太平军部署第二次西征，计划以陈玉成、李秀成两支主力分别从长江南北进攻武昌，援救安庆。安庆是太平天国的重镇，被清军围困已久。清军围剿主力是曾国藩的湘军，由其弟曾国荃率军主攻，这年9月攻克。但太平军总体仍强，不久又克宁波、杭州，并进攻上海，远征西北，进逼西安。本来，英国、法国还以为太平天国奉行的宗教信仰与他们相同，肯定比清政府更友善，所以表示中立，派驻华公使访问天京，显然有所倾向。没想到，洪秀全回函劈头就说"尔海外英民不远千里而来，归顺吾朝"，要求他们匍伏在地行礼。访问团还发现《圣经》被严重篡改，结果也是不欢而散。于是，英国改变立场，与清苏松主官协商成立"中外会防局"，旨在"借师助剿"，组织"洋枪队"，共同征讨太平天国。结果，太平军两次进攻上海均失败。太平军西征较顺利，占陕南一带，但因东线告急，兵分三路东援，可是迟了。同治二年（1863年）底，天京外围要塞尽失，城中缺粮。第二年洪秀全病死，清军攻入。江西石城一役，太平军主力覆没。长江以南的太平军余部自江西进福建，占漳州，后向广东方向突围，同治五年（1866年）初在广东梅县被肃清。太平军先后涉足广西、湖南、湖北、江西、安徽、江苏、河南、山西、直隶、山东、福建、浙江、贵州、四川、云南、陕西、甘肃等地，攻克600余个城市，历时多年，影响不可谓不大。

洪秀全实施的公有制摧毁了农民社会的两根个人支柱——财产与家庭。太平天国的政纲《天朝田亩制度》《资政新篇》等过于理想化。

差不多与此同时，皖北涘水和涡河流域的秘密组织"捻子"发动大规模起事，称"捻军"。捻军在皖、豫、鲁、苏、鄂、陕、晋、直

（冀）8省活动，极盛时兵力达20万。后来，张乐行率部分捻军渡淮与太平军会师，接受太平军领导，配合太平军作战，但不接受改编。不久捻军分裂，大部分返淮北，只有张乐行等少数留淮南，还有一部分转战河南、山东。同治元年（1862年）秋，清军大举进攻皖北，张乐行被叛徒俘送清营。天京失守后，太平军和捻军的残部合并为联军，赖文光被推为首领。以太平军军制重新整编，改为骑兵，在豫、鲁、苏一带流动作战，大有重整旗鼓之势。同治四年（1865年）他们在曹州歼灭官方所派的蒙古骑兵，清廷改派曾国藩督湘军，李鸿章督淮军。第二年联军又分为东西两军，赖文光等继续在中原地区活动，为东捻军；张宗禹等转入陕西联络回民起事，为西捻军。东捻军被李鸿章淮军围困在黄河南岸、运河东岸、胶莱河西岸和六塘河北岸一带，同治七年（1868年）初在扬州全军覆没，赖文光被俘。西捻军转战陕西后，改向东北挺进至保定，威胁北京，后进山东黄河以北、运河以东一带，被李鸿章、左宗棠军包围，同年全军覆没。

去脉：中日甲午战争

日本在"明治维新"成功之后，迅速强大起来，野心也猛然膨胀，先后出兵侵略我台湾和朝鲜。1894年（农历甲午年）；清军在朝鲜多次与日本交锋，均意外失败，史称甲午战争。第二年即光绪二十一年（1895年）正月，日军入侵威海（今属山东），清朝北洋水师迎战，结果全军覆没，威海陷落。清政府被迫签下《马关条约》，承认朝鲜不再藩属清朝，割让辽东半岛、台湾及澎湖列岛，并赔偿白银2亿两，准许日军驻扎威海。《马关条约》被称为中国空前之屈辱。甲午战争比此前的

第一、二次鸦片战争及中法战争更令人震撼,因为:

其一,中日同为东方古国,学习西方军事技术的起始时间也差不多,甲午战争前,中国海军实力被认为强于日本,但中国在军事上如此轻易败给了日本。

其二,日本向来是中国人心目中的"外夷"小国,与泱泱大国不可同日而语,国人甚至视之为藩属,中国却如此落败,实乃奇耻大辱。

其三,《马关条约》之损,尤其是割让台湾及澎湖列岛,令朝野大骇。

其四,时值科举,大量进京赶考的举子将战败的创痛带回乡,影响全国各地。①

台湾史家李定一说:"第一次中日战争证明中国的军事近代化政策成效不彰,其原因何在?若只用'昏庸无能'四字谴责当时推行新政的主持人则太简单了。"②但光绪帝显然有失理性,刚亲政的他太渴望战功了。战前,李鸿章曾坦率地说北洋舰队的装备老化,明确忠告"不可急于一时而落入日本圈套",建议先从朝鲜撤军,等实力充足后再打"持久战"。主战派批李鸿章软弱,急不可待要打。血气方刚的光绪说:"中国果能因此振刷精神,以图自强,亦未始非靖边强国之一转机也。"③于是,中日两国同时宣战。光绪下令"迎头痛击,悉数歼除,毋得稍有退缩",④几乎是孤注一掷与日本决战。

从日本签《马关条约》回国后,李鸿章深沉地反省道:

---

① 李定一:《中华史纲》,北京大学出版社1997年版。
② 《中华史纲》。
③ 《中国近代史资料丛刊续编,中日战争》。
④ 大清光绪皇帝宣战谕旨。

> 我办了一辈子的事，练兵也，海军也，都是纸糊的老虎，何尝能实在放手办理，不过勉强涂饰，虚有其表，不揭破，犹可敷衍一时。如一间破屋，由裱糊匠东补西贴，居然成一间净室，明知为纸片糊裱，然究竟不定里面是何等材料。即有小小风雨，打成几个窟窿，随时补葺，亦可支吾应付。乃必欲爽手扯破，又未预备何种修葺材料，何种改造方式，自然真相破露，不可收拾，但裱糊匠又何术能负其责？[①]

这是李鸿章为自己辩护，不过说的都是实情。当时，清王朝无异于"破屋"，他这个"裱糊匠"只能"修葺"而不能改造，自然无力回天。

所幸亢奋的光绪终于冷静下来。委派官员赴烟台与日本换约时，光绪承认自己失误，耐心谕曰：

> 自仓卒开衅，战无一胜。近者情事益迫，北可逼辽、沈，南可犯畿疆……战守更难措手。一和一战，两害兼权，而后幡然定计。其万难情事，言者所未及详，而天下臣民皆当共谅者也。兹将批准定约，特宣前后办理缘由。我君臣惟期坚苦一心，痛除积弊。[②]

于是，紧接有"戊戌变法"。

人们对"同光中兴"评价不高。中国社科院历史研究所所长卜宪群在《中国通史》中写道：

---

① 吴永、刘治襄：《庚子西狩丛谈》，中华书局2009年版。
② 《清史稿》卷24，德宗纪，1册。

中国在收获"同光中兴"经济成功时,没有适时实现社会转型,没有培养出自己的社会中坚阶级,这是最为可惜的一件事。它为后来的历史突变,为大清帝国的瓦解,埋下了一颗最具生命力的种子。[①]

中国在甲午战争中的惨败宣告洋务运动的失败,也戳破了所谓"同光中兴"的幻象。

---

① 卜宪群:《中国通史》,华夏出版社2017年版,卷5。

小结

超越中兴

提要

"中兴"的秘诀就两个字：改革。改革不是中兴的充分条件，但是是必要条件。作者将剖析三层（粗浅、深化、彻底）五种（锯箭式、止痛式、古方式、疫苗式、基因式）历史上的改革模式。

"中兴"与"盛世""治世"显然有所不同。后者大概两种情形：一种是造反起家，将旧王朝砸个稀烂，开创一个新王朝，可以按自己全新一套思路放开手脚闯出一片新天地，如隋文帝杨坚的"开皇之治"。再一种是祖祖辈辈打下良好基础，只需要锦上添花，如"文景之治"，萧规曹随按刘邦国策"无为而治"便是；又如"康乾盛世"，虽然基础不很好，但至少是没有严重危机。

中兴的秘诀

一、"中兴亦大不易"

开国与中兴

开国不是太难的事。且看那些被视为"夷狄"的少数民族开百年大国：北魏拓跋珪晋孝武太元元年（376年）还只能投靠匈奴，魏登国元年（386年）即趁乱复国，才相隔10年；契丹辽国耶律阿保机梁开平元年（907年）上台，契丹神册元年（916年）就统一八大部落改称皇帝，才9年；西夏李元昊契丹景福二年（1032年）继位夏王，夏大庆三年（1038年）建国称皇帝，相隔6年；金国完颜阿骨打辽天庆三年（1113年）继任酋长开始反辽，金收国元年（1115年）就建金国称皇帝，相隔两年；成吉思汗宋淳熙十六年（1189年）被推举为部落可汗，两年多就统一蒙古，蒙古太祖元年（1206年）建成大帝国，头尾17年；满清努尔哈赤明万历四十四年（1616年）建后金，第二年转而向大明挑战，清顺治元年（1644年）就入主中原，头尾也只有28年。

中兴就不同了，必须保证承上启下，更需要智慧。甘露元年（256年），魏国朝堂之上举行了一场辩论会，将少康与刘邦相比较，年轻气盛的皇帝曹髦认为少康比刘邦更伟大，因为开国只是趁着前朝衰弱顺势而为，而中兴则是将已经衰落的势头逆转过来，要难得多。只遗憾曹髦自己中兴未成身先死。赵构则成就了"建炎中兴"，既是创业之主，又是守成之主，他曾叹道：

朕常思创业、中兴事殊，祖宗创业固难，中兴亦不易。中兴又须顾祖宗已行法度如何,坏者欲振,坠者欲举,然大不容易,此实艰难,朕不敢不勉也。①

赵构这话乍一看有自我表扬之嫌,其实挺谦虚。在北宋大臣范祖禹的笔下:"古人有言,创业非难,守成为难。"卜宪群《中国通史》也说:"开创江山殊为不易,守住江山,并将它带向繁荣与昌盛则更为艰辛。"

赵构的接班人孝宗赵昚曾经与他的大臣讨论怎么恢复中原,进一步实现中兴。大臣刘珙说:"复仇雪耻,当然是我们的头等大事。但如果没有十年潜心内修之功,恐怕不可轻言恢复。"有的大臣异议:"想当年高祖(刘邦)、光武(刘秀),草根创业,没几年就夺得天下,我们恢复个中原怎么需要十年?"刘珙说:"高、光身起匹夫,以其身蹈不测之危而无所顾。陛下躬受宗社之寄,其轻重之寄,岂两君比哉!"②是啊,夺权可以破旧立新,守业就不一样了,瞻前顾后,"不敢不勉"了。

中国历史上的帝王,多得难以统计。一种说法是从秦始皇登基至溥仪退位则494人,其中造反称帝的约100人,封建割据称帝的约60人。朝代总数也多得难以统计,一般计正统的25个,也就是说至少有25个较像样的开国帝王。而自夏以来4000余年中,中兴之世仅15个,涉及帝王18人,大大低于开国皇帝数量。

中兴之奥秘

全览中华民族历史上15次有名分的"中兴"其奥妙就是两个

---

① 《中兴圣政》卷12。
② 《续资治通鉴》卷140,宋纪140,8册。

字：改革。

在中国历代王朝史上，变法、变革、更化、维新、革故鼎新，这些词都曾被用来指称改革。

改革是一项古老而又常新的事业。从原始社会到如今，历经无数次方方面面的改革，一点一滴地改进而来。从采集、狩猎经济到农牧业，可谓不自觉的改革，而盘庚迁都等则无疑是自觉的改革。特别是春秋战国时期，有楚国吴起变法、齐国邹忌变法、韩国申不害变法、秦国商鞅变法等，所有诸侯国先后都进行了大改革。秦国从惠文王至秦始皇接连5代改革不止，没有出现其他六国那样变法与废法反复停顿的情况，坚持最久，改得最彻底，所以由一个被众邻看不起的蛮荒小国迅速变为一大强国，并最终统一六国。

改革可谓一国强盛的必由之路。每一个政权的创立都仓促，各项制度不可能完美。经过一个时期实践，或久或不久，都会出现一些问题，或大或小，必须改革。正如范仲淹所说，"历代之政，久皆有弊。弊而不救，祸乱必生"，而"我国家革五代之乱，富有四海，垂八十年，纲纪制度，日侵月削"[1]，"不可不更张以救之"[2]。

改革有成功有失败，失败多于成功。大历十四年（779年），唐代宗李豫去世，太子李适继位，时年38岁，年富力强，且有雄心壮志，上任当月就罢梨园乐工300余人，遣散宫女数百；诏皇陵从简，禁宦官兵权；禁回纥人在京着汉服，罢榷酒收利。次年废除有160余年历史的"租庸调"制度，改行"两税法"。这一系列改革让朝野大为振奋，纷纷称颂李适为"中兴之主"。可是才两三年时间，就被文官武将折腾得

---

[1] 《答手诏条陈十事》。
[2] 《答手诏条陈十事》。

精疲力竭，特别是军人发动"泾师之变"，李适仓皇而逃，重演"安史之乱"。李适不仅中兴未成，反而变成一个昏君，恶政累累。又如嘉庆，上台第二天就掀起打"大老虎"反腐风暴，人们也纷纷称道"嘉庆新政"，却不料倒退式改革，改了十几年变成"嘉庆中衰"。

政权遇到危机之时，救世失败成末世，成功则中兴，不仅死里逃生，而且开创新盛世。"中兴"是中华民族历史上改革成功的典范。

然而，中兴往往沦为"回光返照"的代名词。由于没能坚持深化改革，彻底摆脱危机，无法实现真正的长治久安。历史上的中兴留给我们的教训，最沉痛的便是这条。西汉、明、清的末世都是中兴20余年后便至，北魏在30余年后，唐在40余年后，西周则仅仅在11年后。

二、有改革才有中兴

纵观中华民族历史，不少王朝本身就是一大成功的改革，一大耀眼的中兴！

王安石说："夏之法至商而更之，商之法至周而更之。"①据记载，西周初分封的诸侯国达1773个。这么多诸侯国弱肉强食，战乱不已，"夫五霸，更三王者也；七雄，更五霸者也；秦并四海一切皆扫除之，又更七雄者也"②。

秦始皇吸取历史教训，不再分封，改行郡县制。实际上，从此至清末中国不再"分封建国"，而是"反封建社会"即"中央集权社会"。不论怎么叫法，秦始皇新行的政体是一大惊天动地的改革。可是，儒生淳于越公然反对，说周朝之所以长达1000多年，得益于分封

---

① 《临川文集》卷70。
② 恽敬：《三代因革论一》。

子孙和功臣。如今皇上拥有天下，您子孙却沦为平民，万一有人发起叛乱，谁来相救？①显然，淳于越的出发点为秦氏着想，只是太迂腐。有目共睹的历史事实是：历经数百年分封与被侵，到公元前256年，周王自己的地盘仅剩36村3万多人口，其他地方都是诸侯的，且相互间争战不已。淳于越们对此却视而不见。柳宗元在《封建论》一文中指出：秦"失在于政，不在于制"。秦始皇做皇帝时间并不长，秦朝也很快灭亡，但秦始皇"对中国政治制度的变革却是决定性的"，"标志着统治理论与实践的巨大创新"，"帝制时代的历代中国政府都只是它的进一步发展与完善"。②

鉴于秦之暴亡，刘邦在继承秦制的同时，有针对性地进行一些改革，如建国初实行"郡国并立"的双轨制，即适当恢复分封制，将东部半个帝国分封给儿子及功臣，但其政权由朝廷任命官员掌管，各地继续作为"郡"和"县"按秦制统治，既适当满足军事将领称王称侯的欲望，又基本保证了中央集权。

鉴于三国、东西晋及南北朝大乱，隋朝也大改革，实行六部制，避免权力集中于丞相；实行科举制，唯才是举，避免过分依赖官后代。

鉴于"安史之乱"后及五代十国军阀作乱，北宋一开始便对开国功臣"杯酒释兵权"，改而重用文官。对中央禁军管理体制进行一系列改革，三衙鼎立，握兵权、调兵权与统兵权分开。赵光义认为："外忧

---

① 《史记》卷6，秦始皇本纪，1册，"殷周之王千余岁，封子弟功臣，自为枝辅。今陛下有四海，而子弟为匹夫，卒有田常、六卿之臣，无辅拂，何以相救？事不师古而能久长者，非所闻也。"
② 《统治史》卷1。

不过边事，皆可预防。惟奸邪无状，若为内患，深可惧也。"①宋初改革总体是成功的，所以它不像五代时的那些政权那样短命。

忽必烈在至元八年（1271年）建"大元"时，实行一系列"附会汉法"改革。自古至宋，都以前朝所赐爵位为国号，而非自称，以示继承前朝，具有正统。"大元"却不同，语出《易经》"大哉乾元"，意为"元也者，大也。大不以尽之，而谓之元也，大之至者也"。超越古今，颇具秦始皇的气度。

清初统治者践行"以民为本"儒家思想。顺治三年（1646年）江南大都尚未征服，便开科取士，首题"百姓足，君孰与不足；百姓不足，君孰与足"，次题"见而民莫不敬，言而民莫不信，行而民莫不说（悦）"。康熙认识到："自古国家久安长治之模，莫不以足民为首务。必使田野开辟，盖藏有余而又取之不尽其力，然后民气和乐。"②正因为清代改革较多，从政治、经济制度到价值观念、意识形态都有华丽转身，所以成功开创"康乾盛世"后又有"同光中兴"。

每一个王朝，或大或小，或多或少，或早或迟，几乎没有不改革的。否则，别说复兴，连继续生存都成问题！

改革不是中兴的充分条件，不能说只要一改革就能复兴。但改革是中兴的必要条件，没有改革可就没有复兴可言。

三、儒家也有改革的一面

历史上和现实中，不少人认为儒家不知变通、因循守旧，但考诸史实，儒家也有推崇改革的一面。儒家最向往的周公时代，也许可以说

---

① 《续资治通鉴》卷16，宋纪16，1册。
② 章鋑：《康熙政要》卷19，中共中央党校出版社1994年版。

小结 | 超越中兴

是实行了中国最早、最成功的政治改革。此前，人们总认为"君权神授"一成不变，王位是"铁饭碗"，怎么胡作非为上帝都默认。周公不一样，他认为上帝的任命不是终身制。周公著《多士》一文，强调周革商命是由于商人"大淫泆"，上帝"废元命，降致罚"。商王"明德恤祀"的时候，上帝也"保又有殷"。可是到纣王，"诞淫厥泆"，于是"上帝不保，降若兹大丧"，使商命终止。夏朝和商朝都因为道德沦丧才失去上帝宠爱，周朝绝不能重蹈覆辙。周公还提出"天惟时求民主"，"民之所欲，天必从之"，"天视自我民视，天听自我民听"，从而把"敬天"、"明德"与"保民"三者联系起来。这实质上是一次政治文化的大变革。甚至"革命"一词最早也出自儒家，赞扬汤武革命顺天应人。

孔子总体偏保守，但不死板。他称赞卫灵公为那个时代最贤的国君，并不因为他们夫妇生活作风问题而否定他的政绩。他由衷地赞美改革家："如果没有管仲，我们恐怕要像野蛮人那样披头散发穿左衽衣裳了！"[①] 郑国子产允许民众在"乡校"公开自由评议时政，保护原始民主，孔子也赞叹："以是观之，人谓子产不仁，吾不信也。"[②] 在今天看来，孔子思想中仍然有开明的一面。

但是，到了"独尊儒术"之后，儒家越来越保守。早在汉初，叔孙通建议采用儒学之时就坦诚地说："夫儒者难与进取，可以守成。"[③] 孔子思想的核心是"克己复礼"，致力于挽救被时代抛弃的东西，而不是创新。他说："三年无改于父之道，可谓孝矣。"父王死后3年不能改其

---

① 《论语·宪问》："管仲相桓公，霸诸侯，一匡天下，民到于今受其赐。微管仲，吾其被发左衽矣。"
② 《左传·襄公三十一年》。
③ 《史记》卷99，叔孙通传，3册。

政——当然是弊政，怎么复兴？按理，"三年无改于父之道"的挡箭牌保守派可用，改革派有时也可以用用。赵顼与王安石君臣志同道合，人称"上与安石如一人，此乃天也"。大臣总喜欢拿祖宗说事，说这不能干那不能干。王安石则明确说："不要说祖上，当今陛下就是祖宗！"这让赵顼顿感轻松了许多。到唐五代之时，"儒生中通变者鲜矣"[1]！雷海宗说："宋明理学兴起，少数才士或有发挥。多数士大夫不过又多了一个虚伪生活的护符而已。"[2]鸦片战争后，天翻地覆了，一些人仍然秉持董仲舒"天不变道亦不变"的理念，不肯支持变革。直到清朝末年，一大群著名儒士还在那里疯狂地反对变法维新。如同治皇帝的老师倭仁反对新式教育，说："根本之图，在人心不在技艺，尤以西人教习为不可。"[3]另一位汉族理学大师、同治皇帝的另一位老师徐桐，家住北京外国使馆区东交民巷附近，称是"与鬼为邻"，每天上班绕道而行，遇洋人用扇子遮面，声言"宁可亡国，不可变法"。

经验与教训

一、帝王改革要有"定志"

秦孝公深切感到"诸侯卑秦，丑莫大焉"，便悬赏"有能出奇计强秦者，吾且尊官，与之分土"。卫国的商鞅被感动，或者说被诱惑，不远千里来投奔，主持变法，使秦国后来居上，连秦始皇后来也说"并

---

[1] 《北梦琐言》卷7。
[2] 雷海宗：《中国文化与中国的兵》，江苏人民出版社2019年版。
[3] 《清史稿》卷391，倭仁传，10册。

诸侯，亦皆商君之谋也"。改革之功与改革之力成正比。商鞅变法更激烈更彻底，得罪旧的利益集团也更多更严重。太子触犯新法，商鞅抱怨："新法不能顺利推行，就因为高层有人带头犯法，又逍遥法外！"秦孝公支持依照新法惩罚太子，并追究其老师公子虔的连带责任，秦国人第二天就变得认真遵守新法。3年后，公子虔自己又触犯新法，被判劓刑。为此，公子虔怀恨在心，只因秦孝公还活着得给他留点面子，商鞅暂时无恙。秦孝公很开明，不仅兑现早年"吾且尊官，与之分土"的诺言，将商（今陕西商州）、於（今河南内乡）之地15邑分封给商鞅，尊号"商君"，而且要把王位让给商鞅——当然不敢接受。秦孝公不久死了，19岁的太子继位，即秦惠文王，闭门杜户8年的公子虔等人马上跳出来，挑拨说："今秦妇人婴儿皆言商君之法，莫言大王之法。"于是，秦惠文王签发逮捕令。商鞅只得闻风而逃，但很快被抓，结果车裂示众，并被灭全族。

有幸的是，秦惠文王对人不对事，报复商鞅个人但并不反对商鞅所主推的改革事业。这样，改革得以继续，秦国也持续变强，在诸侯国中的地位很快好转。《史记》说："惠文君元年，楚、韩、赵、蜀人来朝。二年，天子贺。三年，王冠。四年，天子致文武胙……"一年一个脚印，步步向前。他在位27年，成为秦国第一位君王。

秦惠文王的接班人也如此，人亡政不息，改革大业代代相承。商鞅之后约百年，大儒荀子到秦国游历了几天之后，大谈他的所见、所闻与所感：

> 秦国关塞险要，地形便利，山林河谷很好，物产丰富，这是地理优势。步入其境，观察其风俗，百姓纯朴，音乐不淫邪，服装

不怪异，对官吏顺从，很像古时候的人民。再说其官府，百官严肃认真，无不恭敬勤政、敦厚诚信，很像古时候的官吏。进入其都，观察其士大夫，他们走出家门进入公门，走出公门回到家中，没有个人的私事，不拉帮结派，无不明达而公正，很像古时的士大夫。再看其朝廷，退朝的时候各类政事处理得清清楚楚，毫无积压，可以安闲得无所牵挂，很像古时候的朝廷。所以，他们四代人代代取胜，并非侥幸，而有其必然。这就是我所看到的秦国现实。古人说：安逸而得治，简约而周到，不烦而有成效，这是国家治理的最高境界，秦国现在就如此。①

荀子赞口不绝，这显然是一派盛世景象。秦始皇初期，也类似。秦统一后行千古之制，空前强大，看似从天而降，其实只是从秦孝公开始几代秦国王公坚持不懈地改革创新以及其他诸侯国改革创新的集大成者。

由此可见，要彻底改变一个国家，实现从弱到强的转变，从诸侯都看不起到四方来贺，光靠一代帝王不够，还得一代又一代帝王传承这种"定志"。

但帝王面对改革祖宗之制、改革实施后在朝野引起强烈反应的心态是异常复杂的。王夫之评论宋仁宗赵祯，说他执政30年，虽然努力改革，但一会儿这样一会儿那样，不能坚持始终，官民无所适从，整天像

---

① 《荀子·强国》，原文："其固塞险，形埶便，山林川谷美，天材之利多，是形胜也。入境观其风俗，其百姓朴，其声乐不流汙，其服不挑，甚畏有司而顺，古之民也。及都邑官府，其百吏肃然，莫不恭俭、敦敬、忠信而不楛，古之吏也。入其国，观其士大夫，出于其门，入于公门，出于公门入于其家，无有私事也；不比周，不朋党，偶然莫不明通而公也，古之士大夫也。观其朝廷，其间听决百事不留，恬然如无治者，古之朝也。故四世有胜，非幸也，数也。是所见也。故曰：佚而治，约而详，不烦其功，治之至也。秦类之矣。"

鹭鸟一样伸长脖子期望着什么，因为皇上"无定志"。①

帝王"无定志"，是由他们的尴尬角色所决定的：帝王既是旧的利益集团总头目，又是新的利益集团总代表，所以在变法中往往患得患失，飘忽无定，难有坚定者。

只有到弊政彰显恶果、政权难以维系时，帝王才可能勉强同意改革。改革顺利，千好万好，但这种情形几乎没有。他们一般不大可能真正否定前任，因为改革的是汉室，刷新的也是汉室，而不可能改革汉室刷新是唐室。所以，一般只能将污损的、破残的四壁粉刷油漆一下，而无法轻装上阵，包袱比蜗牛重。长此以往，总有背不动、改不动的一天，人民也由体谅、无奈变愤慨。这就是越到后期，改革越难成功，以至让革命超越的原因。

改革遇到小阻力，帝王一般也能支持。唐武宗李昂改革禁军的衣食供应，宦官仇士良说是宰相李德裕捣鬼，威胁要挑动军人闹事。李昂怒斥仇士良："敕书初无此事，且敕书皆出朕意，非由宰相，尔安得此言？"皇帝揽责了，仇士良自然不敢再放肆。秦桧死时，有人非议，想撕毁和平协议，赵构连忙公开辩护，说与金求和那是他的指示，谁还敢说三道四？甲午战争北洋舰队全军覆没，宣告"洋务运动"改革失败，李鸿章一时陷入国人皆曰可杀的地步，幸好握有实权的总理恭亲王挺身而出，在写给光绪和慈禧的检查书中辩护："中国之败，全由不西化之故，非鸿章之过。"②李鸿章躲过一劫，不禁感慨："受尽天下百官气，养就心中一段春。"正因为留有一段春，李鸿章顶着风霜刀剑般的"百官气"继续为国尽心尽力当好

---

① 《宋论》，"计此三十年，人才之黜陟，国政之兴革，一彼一此，不能以终岁。吏无适守，民无适从，天下之若惊若鹜、延颈举趾、不一其情者……夫天子之无定志也，既若此矣。"

② 《李文忠公全集》。

"裱糊匠"。但是像这样坚定的支持史上不多。

要是遇上大阻力，对不起，帝王们首先得保皇位，让大臣当替罪羊。"仁宗之治"时，盛世中潜伏危机，相对来说不太严重。赵祯使命感挺强，主动想解决弊政，要求范仲淹开列当务之急。范仲淹不失理智，认为"久安之弊，非朝夕可革"，所以"始未奉诏，每辞以事大不可忽致"。赵祯一再派人催促，朝野舆论压力增大，范仲淹这才上呈著名的改革方案《答手诏条陈十事》，付诸实施。结果旧的利益集团强烈反对，指责范仲淹等人搞"朋党"。鉴于历史教训，宋朝皇帝最忌武将领兵与文官结党两条高压线。范仲淹被指责搞朋党，赵祯吓一跳，头马上缩回去，叫停改革，并罢了范仲淹等人的官。张居正，需要他主持改革之时，万历"夺情"，并亲自做大臣们的思想工作，强压非议；等他死了，没用了，再面对非议，万历翻脸不认人，亲自下令抄他家，削尽原来的嘉奖，以罪示天下，家属或饿死或流放，曾经跟随的官员有的削职有的弃市。

北宋几个帝王的改革也很能说明问题。北宋堪称改革的时代，不乏注重改革的皇帝，但就是没有秦国那样的改革"定志"。神宗赵顼死后，继位的哲宗年仅10岁，临朝听政的高太后一向反对新政，于是反对派迅速云集，反攻倒算。司马光上书指责王安石"以己意轻改旧章，谓之新法"，要求废除保甲法、免役法、将官法等。高太后与之一拍即合，即复司马光为门下侍郎（副宰相），开始清洗新党人物，复职旧党大臣。如同当年轰轰烈烈推行新法，现在轰轰烈烈罢除新法。这同样引起很大争议，连旧党人物也纷纷表示反对。如苏辙直接批评司马光："忠信有余，而才智不足，知免役之害而不知其利。"参政知事范纯仁是范仲淹的次子，司马光最亲密的朋友，也反对全盘推翻免役法，建议先拿一个州做试点，慢慢探索更好的政策，遭断然拒绝。

高太后死后，宋哲宗赵煦亲政，恢复新法，罢旧党人物，还列了一份名单，以司马光为首共309人，基本都是反对王安石变法的。可是新党内部分裂，新法改革又大受影响。徽宗赵佶还用他那手漂亮的"瘦金体"亲书那份名单，并刻写上石碑，史称"元祐党人碑"，分别竖于内府端礼门与文德殿外东墙上，以示继续改革的决心。然而，崇宁五年（1106年）正月某日，一道霹雳将"元祐党人碑"劈为两半，吓得赵佶放弃改革，慌忙罢了主推改革的蔡京宰相职，第二年又恢复蔡京之职，还拜为太师，并复置医学，复行方田等方面的改革。可是大观三年（1109年）再罢蔡京，并令不到当时法定退休年龄的他退休。政和元年（1111年）六月再复蔡京太子太师，九月下诏充分肯定蔡京的钞法、茶法和盐法。次年复行方田、盐法等改革，复置算学、医学等，并正式复蔡京宰相之职，随后还有很多次反反复复。有些大臣攻击"时蔡京大兴工役，民不聊生，变乱法度，吏无所师"，赵佶听多了，不能不有所信，又变得"亦恶京专"，宣和七年（1125年）再罢蔡京，而这时国势也差不多到头了。蔡京的个人品性固然有问题，但北宋皇帝的改革如果不是这般"无定志"，在改与不改之间来回反复耽误几十年大好时机，大宋的国运是不是可能不一样？

二、改革须讲时机

历史上王朝中兴的经验千条万条，最根本一条：正视遗留下来的弊政。

社会学家伯诺特指出，一个人或团体修复形象的策略或方法有5种：抵赖、透过、大事化小、知耻和改过。知名学者徐贲曾在《东方历史评论》上撰文，对此次序稍做调整：一是抵赖，即"我或我们没错";二是大事化小,即"有些失误,并没全错";三是诿过,即"错了,但不是我的错";四是羞愧,即"虽不是我的错,但我也有责任";五是改过,即"错了,由我重新开始"。所谓正视遗留下来的弊政,就是选择了后几种,至少不是第一种。只有认识到遗留下来的弊端,才可能有足够的决心,拨乱反正。也只有承认过失,才可能取得人民的谅解,重新凝聚人心。否则,继续粉饰,不可能切实开新政,不可能扭转衰势。对于遗留弊政的认识程度,或者说对以上5种方式的选择层次,与改革力度及改革之功成正比。如果帝王还在百般抵赖、诿过,只想大事化小,小事化了,别信相他会有正确改革的诚意。

新旧帝王交替,是启动改革清除弊政的最佳时机。如果前任干得糟,积弊显而易见,民怨挺大,需要的是拨乱反正,改革就很有利。朱厚熜后期27年躲在深宫不上班,朱载坖在外生活了13年,对时局了如指掌,但他是第三子,离太子离皇位太远,只能急在心里。没想两个兄长突然去世,意外轮到他。当时首辅徐阶十分勤政,皇上交办的事通宵达旦也要干完。朱厚熜临终前夕,徐阶与朱载坖一拍即合,连夜起草遗诏,以朱厚熜的名义宣布:"凡斋醮、土木、珠宝、织作悉罢,大礼、大狱、言事得罪诸臣悉牵复之。"所谓"牵复",即牵引回复正道。第二天一早宣布遗诏,新帝继位,新政开始,一天都不拖延。再说,以先帝本人的名义认错、纠错,可以减轻继任者行新政的压力。

无独有偶,万历躲得更过分,留下的问题更多。朱常洛如法炮制,以万历遗诏的形式罢停朝野抱怨已久的矿税、榷税及监税宦官,发放拖欠已久的200万两银慰问辽东前线将士,迅速开创新局面。

有关改革时机,最能说明问题的是清末"同光中兴"及其后的时局变化。试设计示意图如下:

清末时局变化示意图

1912年1月26日炸良弼，2月12日宣统宣布退位

1911年5月"皇族内阁"成立，10月爆发辛亥革命

1908年慈禧、光绪去世

1906年清廷宣布9年后行宪

1905年同盟会成立

1904年"戊戌变法"被平反

1900年义和团及八国联军

1898年"戊戌变法"

1796年

嘉道中衰　鸦片战争　同光中兴
1840年　1861年　1894年　1912年

康雍乾盛世

清初三大治政举措
顺治"理藩院"
鳌拜"内务府"
康熙"军机处"

1644年　1681年

170　变革与复兴

第一阶段：清统治者的家训"敬天法祖"。早在入主中原之初的顺治五年（1648年），清统治者就在全国各府学、县学立碑，碑上刻着三条禁令：一是不得言事，二是不得立盟结社，三是不得刊刻文字，这三条正好是近代西方所谓的言论自由、结社自由和出版自由。文字狱不是他们发明的，但几乎可以作为他们的代名词。在这时期，胆敢建言改革，试图削减满族的特权，无异于找死。

第二阶段：鸦片战争爆发，一位名叫徐继畬的山西人在福建为官，目睹了这场千古未有之战，感慨万千。道光二十八年（1848年）他完成《瀛寰志略》一书，不仅如实介绍西方的科学技术，还破天荒将华盛顿放到中国历史的参照系中予以对比：

> 华盛顿，异人也。起事勇于胜广，割据雄于曹刘，既已提三尺剑，开疆万里，乃不僭位号，不传子孙，而创为推举之法，几于天下为公……创古今未有之局，一何奇也！泰西古今人物，能不以华盛顿为称首哉！①

然而，徐继畬当时在国内受到激烈批判。徐继畬很快被革职，《瀛寰志略》只在日本畅销。

第三阶段：清统治者感到更痛了，不得不承认军事、经济、文化都明显有问题，才可能推出"洋务运动"等一系列改革。但对于政治体制改革来说，时机仍未成熟。当时朝廷直接聘用西洋人为清廷高官，这些洋官为清廷进一步改革出谋划策。但沿江沿海各省督抚对改革意见

---

① 徐继畬:《瀛寰志略》。

不一。

第四阶段：更后来些，慈禧们终于承认平等外交，派出中国第一位大使——郭嵩焘。郭嵩焘出使英国，将沿途见闻写入日记《使西纪程》，还在给李鸿章的信中阐述自己的见闻与感想：

> 西洋立国两千年，政治和教育都非常修明。跟辽、金崛起的情形绝不相同……西洋富强，固不超过矿业、轮船、火车。但它们所以富强，自有原因……船坚炮利是最末微的小事，政治制度才是立国的根本……中国之大患，在于士大夫没有远见。

在100多年后的今天来看，这段话还振聋发聩，在当时更是惊世骇俗。郭嵩焘看到了政治制度的重要性，指出中国"士大夫没有远见"。他说得一点不错，但他被骂为汉奸，开除公职，开除乡籍，直到光绪亲政后还有京官要求开棺戮郭嵩焘的尸。这表明郭嵩焘的改革建议还是提得太早。

第五阶段："洋务运动"、中日战争接连失败，慈禧们才勉强承认自己的政治体制确有问题，接受康有为们的政治改革建言，启动"戊戌变法"。当时，连硕儒翁同龢的思想也发生180度转变，支持光绪变法。容闳被誉为"中国留学生之父"，咸丰四年（1854年）从美国耶鲁大学毕业即回国，热血沸腾。然而，他在广州目睹总督叶名琛镇压民众，一个夏季杀了7.5万人，"场中流血成渠，道旁无首之尸纵横遍地"。因此，他"愤懑之极，乃深恶满人之无状，而许太平天国之举动为正当……几欲起而为之响应"。随后他还真的投奔了太平天国，并正儿八经地建议关于政治、军事、经济、教育方面的7条"大计"，却也很快失望。他"每见太平军领袖人物,其行为品格与所筹画,实未敢信其必成"。不过,他还是认为"即无洪秀全,中国亦必不能免于革命……恶根实种于满洲政府之政治","中国根本上的改革……不容稍缓之事"。于是,他重新将希望寄于满清统治者良心发现,华丽转身。他与康有为等人志同道合,他的寓所"一时几变为维新党领袖之会议场"。①军机大臣孙家鼐说,"今日臣士愿意变法者,十有六七,拘执不通者,不过十之二三",②几乎没有一个人公开反对。至此,政治改革的时机应该像金秋一样,瓜熟蒂落,水到渠成。

不想,变法一实施,旧的利益集团即感到受不了。范文澜归纳几点:一是废八股,引起全国读书人憎恨;二是改庙堂为学堂,引起各地豪绅反抗;三是裁绿营,使百万兵卒产生失业恐慌;四是裁京内外大批衙门及冗员,引起官僚们反抗;五是要求满人自谋生计,使他们失去享受了200多年的特权。因此,各种旧的利益方迅速勾结起来,强烈反对,慈禧也变脸,变法仅百日便流产。容闳被迫流亡,还遭清廷追捕,最后客死美国。可见,这变法时机还早了些,中国还得遭受更多苦难。

当时《字林西报》评述:"举世都为之震惊","就是日本的维新速度也瞠乎其后"。换言之:光绪没有把握好时机,如果不那么急,分步渐进,减轻反弹,那么这次改革很可能不至于失败。

第六阶段:八国联军进京,慈禧狼狈逃亡,她这才深刻地认识到"误国家者在一私字,困天下者在一例字",于是重续"戊戌变法"香火。著名近代史学者雷颐认为:可以说,清政府每一步都非常被动,有如希腊谚语所说"愿意的,命运领着走;不愿意的,命运拖着走"。实

---

① 容闳:《西学东渐记》,岳麓书社2015年版。
② 转引自张宏杰:《坐天下》,人民文学出版社2015年版。

际上清政府每一个进步或者说变化，都是被拖着走的，步步被动，总是反应迟钝，错过最佳时机。在付出巨大代价之后才不能不做出某种调整，总是在下一阶段才做上一阶段应该做的事情。

然而，旧的利益集团在慈禧死后仍然不断阻挠改革，例如皇族"宗社党"直到1912年初还妄图与南方革命军决一死战。

三、改革必然有阻力

改革是利益格局的调整，绝不可能像游戏那么轻松愉快。蒙哥"自谓遵祖宗之法，不蹈他国所为"，致使民族矛盾十分激烈。忽必烈继位后，实行"附会汉法"改革，缓和矛盾，但此后改革停滞。至治二年（1322年）权相铁木迭儿死，英宗立即行动，一边清算铁木迭儿儿子及其党羽贪赃枉法的罪行，一边任命拜住为丞相实施改革。拜住挺有"民本"思想，曾说："自古帝王得天下以得民心为本，失其心则失天下。钱谷，民之膏血，多取则民困而国危，薄敛则民足而国安。"① 上任后推出一系列新政：一是起用汉族官员和儒士；二是发布《振举台纲制》，广泛推举贤能；三是撤销专门负责宫廷特供的徽政院，裁减冗官，精简机构，轻徭薄赋；四是颁行《大元通制》，推行汉法，史称"英宗新政"。铁木迭儿余党担心清算到他们头上，大批贵族和官员则反对这些有损他们世袭政治、经济特权的改革，阴谋叛乱。第二年铁木迭儿的义子、御史大夫铁失趁英宗和拜住从上都返京，在途中将他们谋杀，另立新君泰定帝。泰定帝虽然清洗了叛逆，但"悉遵祖宗成宪"。英宗和他的改革彻底失败，旧利益集团的特权保住

---

① 《元史》卷123，拜住传，57册。

了，弊政继续积累。特别是大功臣伯颜，一方面大肆贪腐，"天下贡赋多入伯颜家"，另一方面疯狂推行民族压迫政策，甚至想种族灭绝式屠杀汉人。至元六年（1340年），伯颜的侄子脱脱与顺帝发动政变，将伯颜罢免，恢复改革，史称"脱脱更化"或"旧政更化"，但又遭旧的利益集团强烈抵制，改革再次失败。拖到至正二十二年（1362年）朱元璋等起义军已经势如破竹，明玉珍在蜀称帝，而元统治者高层还在那里争权夺利。枢密副使李士瞻提出"悔已过以诏天下""罢造作以快人心"等20条改革建议，涉及政治、经济、文化、军事诸方面，顺帝没采纳。至正二十六年（1366年）即元结束在中原统治的前两年，监察御史玉伦普还提了八项改革建议，顺帝仍然没采纳。英宗或者脱脱改革如果成功的话，元朝非常可能也开创个中兴盛世；顺帝如果实行改革的话，或许仍有挽救的余地。

　　古今中外的政治改革与革命的基本目的，无非是"均贫富，等贵贱"，即努力消除政治、经济、文化方面的特权，实现社会平等，或者说是利益格局调整，重新洗牌。所以常常遭到既得利益集团的阻扰破坏。春秋时期，各诸侯国纷纷实行改革，"食有劳而禄有功"与"因能而授官"是两大基本内容。其后，历代改革也大都以此为主，包括辽、金、西夏等少数民族政权改革也如此，清末的改革更是如此。可以说，权贵阶级是古今中外革命与政治、经济改革的主要对象，区别只是自己主动改革，还是被动让别人来革命。清时史学家王鸣盛在评论"永贞革新"时说："这次改革上利于国下利于民，独不利于弄权的宦官之类，触犯了大忌，所以失败。"①

---

① 王鸣盛：《十七史商榷》："叔文行政，上利于国，下利于民，独不利于弄权之宦官、跋扈之强藩。观《家录》，叔文实以欲夺阉人之兵柄，犯其深忌。"

这就注定了权贵阶级的改革积极性天然最差，只有少数精英可能超脱私利的束缚。"戊戌变法"前夕，光绪向慈禧做最后请示，长跪两小时。听完汇报，她明确要求："你的新政只要不违祖宗大法，无损满洲第一族的权利，我就不反对。"改革一实施，大批贵族觉得"满洲第一族的权利"受到损失，立即疯狂反对，慈禧果然果断地扼杀。

有些帝王出于长治久安的考虑，不得不推行一些改革，但利益被改革触犯的贵族往往持反对立场者居多。宋朝的宗室，开国时仅几十人，百年间增至数千人，京师官月俸总需4万余缗，诸军也只有11万缗，而宗室的花销就要7万余缗，这还没算上他们生日、婚嫁、丧葬、岁时补洗杂赐与四季衣物方面的经费，如果算上的话就跟军费开支差不多了。到神宗赵顼时代，连最保守的司马光也赞同对此予以改革。于是决定：宣祖（赵匡胤之父）、太祖、太宗之子，择其后一人为公，其余元孙之子出宫任外官，并鼓励通过科举入仕。有些宗室子弟不满，聚街抗议。对于《市易法》改革，他们也顽固抵制。赵顼皇后之父向经，长期虚报名下的商铺，逃避赋役，令其依法缴钱也拒不听从。赵顼祖母曹太后之弟曹佾，翻修府宅，赊买木材不付钱，还指使内臣冒充市易官员诬告。为此，王安石气愤地问赵顼："陛下试观此两事，后族怎会不造作言语，称新法不便？"[①]

王安石对国情可以说有着清醒的认识。早在主持变法之前，他便对赵顼坦言："臣所以来事陛下，固愿助陛下有所为，然天下风俗法度一切颓坏。在廷之臣，庸人则安常习故而无所知，奸人则恶直丑正而有所忌。有所忌者倡之于前，而无所知者和之于后，虽有昭然独见，恐未及

---

① 崔铭：《王安石传》，天津人民出版社2021年版。

效功而为异论所胜。"①言意之外是说，只有凭借皇上强大权力的坚定支持，才可能战胜反对势力，完成重大改革。可赵顼也顶不住压力，还是让王安石失望。

有一种剖析挺到位："王安石的失误之处恰恰在于他的追求手段，而忘记了他的根本目标。宋神宗支持王安石变法是为了巩固封建统治，解决财政困难只是巩固统治的必要条件……王安石变法中对人民有益的农田水利法、方田均税法，远远比不上免役法、市易法、青苗法、均输法等马上来钱的政策落实得坚决……忽视了百姓真正得到了多少的利益……变法十几年，虽然在一定程度上缓和了财政困难，但是阶级矛盾却更为尖锐了。"②

四、改革不能瞻前顾后

范仲淹10项改革，明黜陟、抑侥幸、精贡举、择长官、均公田5项属于吏治，另外还有重命令、推恩信两项与吏治有关，70%涉及政治体制。结果，只一年多时间范仲淹就败下来。

王安石吸取范仲淹的教训，改革以经济为核心，涉及军事和教育，几乎不涉及吏治，指望阻力小些，可也以失败告终。李仕权博士认为："正是因为王安石变法回避了政治体制改革，所以让改革有了很大的局限性，况且，没有政治体制改革的配套，经济体制的改革也难以真正长久地成功。"③

不同于王安石、范仲淹两个极端，王莽的改革可谓全面开花，政

---

① 《通鉴长编拾补》卷4。
② 彭勇：《天朝落日》，东方出版社2013年版。
③ 李仕权：《改革的教训》，中信出版集团2015年版。

治、经济、社会、文化、外交等全方位铺天盖地展开，结果引起全面反弹，也败得最彻底、最悲惨。

改革需要精心谋划，另一方面也需要帝王与民众善待。王安石曾疾声呼吁"不以一日之瞑眩为苦"。①古人常将瞑眩与药物反应相联系，服用药物如果没有瞑眩之类反应，简直得怀疑那是不是良药。改革如果没有触到一些人的痛处，如果不会引起一些人的反对，微波不惊，仍然皆大欢喜，那就值得问一问是不是真改革了。分娩难免血污，革命伴随暴力，改革当中也常会有些"非常态"的举措。像张居正公然毁天下书院64处，显然是冒天下之大不韪的事，他会不知道吗？那为什么要干？我觉得他是为了堵反对派的声音，为了保证改革的顺利进行，吸取范仲淹、王安石"未及效功而为异论所胜"的教训，不得已姑且为之。拿破仑认为："在国家存亡的紧要关头，任何东西只要能拯救国家就是有理的。"②改革中的"非常态"，往往只是策略。张居正的改革没有半途而废，从这个角度看万历算是不错。

多数改革失败是因为途中就过不了关。一般来说，过不了关的是当事人，建议改革者、组织实施改革者成为罪魁祸首，十恶不赦，如西汉、明朝建议削藩的晁错、齐泰等人，都落得身首异处的下场，宋代的范仲淹、王安石没丢小命那是侥幸逢仁政。领导改革而失败的皇帝，要么像赵祯那样，摇身一变成为抵制改革的领袖；要么像李适那样，向反改革派投降，同流合污；要么像光绪那样，沦为反改革派的俘虏；甚至像元英宗那样，为改革大业殉身。

李隆基初期勇于改革，并善于改革，开创"开元盛世"，将中国

---

① 王安石：《论舍人院条制》。
② [英]约翰·霍兰·罗斯：《拿破仑一世传》上册，商务印书馆1977年版。

帝制时代推至巅峰,唐朝成为当时世界最繁荣强大的国家。然而,他满足于此,陶醉于太平盛世,后期与前期判若两人,史称"半明半昏的皇帝"。他不再改革,前期的改革也大都废弃,甚至倒退。在2000多年历史上,食封制度仅两次大改革,一是刘彻取消诸侯王对土地的直接占有及其治民权力;再就是李隆基取消食封制度的独立性,此举意义重大。李隆基改"府兵制"为"募兵制",对后世影响深远,在中国兵制改革史上具有重要地位。李隆基后期,却对食封贵族让步,其中公主封户原来削减为500户,又增加到1000户。军事方面前期还能收复失地,后期积弊成"外重内轻","安史之乱"都对付不了,虽然借助外力勉强镇压下去,但国势一落千丈,再未复回。

朱由检有雄心壮志,也很勤政,各类改革举措不断。然而,他的改革没有实效。明末清初的张岱斥之:简直是瞎改革![1] 虽有中兴大志也难免沦为末代皇帝。

商鞅身首异处,可他力推的新制延续2000多年。李纯继位后虽然贬谪又赐死王叔文,可李纯一系列改革正是王叔文们努力追求的。"戊戌变法"被慈禧太后扼杀,可她不久便自食其果,不得不重启改革。

改革之功固然诱人,但改革者常常是"出师未捷身先死"。好在历史长流,改革不止。回眸来看,最终身败名裂的还是那些反对、阻挡与破坏改革的人。正所谓"青山遮不住,毕竟东流去","尔曹身与名俱裂,不废江河万古流"。

---

[1] 张岱:《石匮书后集·烈帝本纪》:"先帝焦于求治,刻于理财,渴于用人,骤于刑法,以致十七年之天下,三翻四覆,夕改朝更。耳目之前,觉有一番变革,向后思之,讫无一用,不亦枉却此十七年之精励哉!"

深化与超越

从改革力度的视角，我将历史上的改革分为这样4种类型：一是锯箭式改革，二是止痛式改革，三是疫苗式改革，四是基因式改革。

从治理效果的角度，改革又可分上、中、下三等，也即粗浅改革、深化改革与彻底改革。

一、粗浅改革

（一）锯箭式改革

锯箭式改革挺常见。《笑林广记》有个故事：一名中箭的士兵治伤，医生将露在外的箭杆锯掉，而不管留在肉体内的箭头。一般来说这只是笑话，但在现实生活中并非没有。

改革者满足于解决表面问题，得过且过，如元和中兴、万历中兴等，明显都属于锯箭式改革。

"安史之乱"爆发有一系列偶然因素，当然更有必然的因素。好不容易平息，可是产生安禄山的土壤——藩镇问题并没能铲除，虽然解除一时执政之病，但并没能解决大唐王朝之病。后来的"元和中兴""会昌中兴""大中中兴"3次大改革，都对藩镇问题做过一些手术，但那些节度使好比箭杆，张三李四一根根箭杆是一次次锯掉了，可是箭头——制度问题还在肉里头，没几日就旧伤复发。

最终，大唐不是亡在造反的黄巢手里，而亡在镇压造反的朱温手里。朱温本来是黄巢的大将，看黄巢成不了气候，投奔官方，皇帝赐名"朱全忠"——实指望他全心全意忠于大唐。然而，经过十来年拼杀，将其他军阀吞并差不多了，他却逼唐昭宗李晔"禅让"，朱全忠变成全不忠,改国号为"大梁",彻底终结289年的大唐。换言之,肉里的箭头终究发作,直接要了大唐的命。

(二)止痛式改革

医生对疾病束手无策,只能给病人些麻醉药,让他减少痛苦。这种止痛式改革在中国历史上多了,如少康中兴、盘庚中兴,等等。

北宋末年,"花石纲"扰民太甚,相继爆发宋江、方腊起义,君臣慌了手脚。宣和三年(1121年)初,宋徽宗赵佶命大臣童贯率京师禁军及秦晋蕃汉兵15万,兵分两路南下,并交代说:"如有急,即以御笔行之。"赵佶这一点倒是值得表扬,不会像杨广等人那样连前线将士的手脚都控制得死死的,大有"用人不疑"之风。到了江南,地方官汇报说:"反叛难平,就因为花石纲扰民太甚。"当地民谣称:"金腰带,银腰带,赵家世界朱家坏。"朱指朱勔,赵佶的宠臣,特设苏杭奉应局大搞"花石纲",方腊的造反旗号就是"诛杀贼臣朱勔"。找到了症结,童贯便按事先授权以皇帝名议发布"罪己诏",宣布改革措施,重点是撤销苏杭奉应局,罢"花石纲"及朱勔。结果"吴民大悦",仅两三月便将方腊基本平息。可是,当年闰五月,另一名大臣王黼挑拨说:"童贯这人真没用!方腊造反,明明是盐茶法引起的,他却怪罪到'花石纲',污损陛下圣名。"赵佶听了发怒,即诏恢复苏杭奉应局及朱勔之职。此举表明,赵佶根本没从这次叛乱吸取教训,导致叛乱的根源仍然存在。

继续采运花石纲,继续醉生梦死。宣和七年(1125年)金灭辽后转而大举攻宋,危在旦夕,赵佶连忙又下"罪己诏",对策跟上次大同小异,再撤苏杭奉应局。赵佶以为这次危机也会很快应付过去,可惜历史不再给他机会。不难想象:假如4年前那次改革有诚心,撤苏杭奉应局之事能够坚持下去，挽回民心，是不是可以团结更多的力量抗金？赵佶对改革作用的认识肯定有，不然不会到最后关头还想到改革。然而，他没有改革的诚意，只想麻醉一下百姓，自欺欺人，终被"夷狄"欺到死。

二、深化改革

医生责任心强，不仅锯箭杆，还拔箭头，止痛，上药，包扎，并千叮咛万嘱咐明天后天来换药，认认真真要将你的病彻底治好，治断根，还进而努力不让其他人再患这种病。如果说锯箭式、止痛式是"下医"的话，那么这种医生堪称"中医"——治"欲病"。

（一）古方式改革

这类改革特点：在历史上确定一个目标，然后努力将现实改回那个目标。对此，我想细分两种：复古式改革与法祖式改革。

复古改革

复古式改革第一人当数孔子。他认为远古的尧舜禹时代非常美好，而不太远的周公已经将一切美好的社会制度制定完善了，只遗憾如今"礼崩乐坏"。改革的药方是"克己复礼"，就是说统治者应当通过克制自己欲望的方式，恢复周公那套礼仪制度。他还明确强调"述而不作"，即只要照搬照套周公的制度，不需要再搞什么改革创新。

"井田制"就被一些现代学者认定为一种"乌托邦"，可时不时有人把百姓当实验室里的小白鼠。王莽曾恢复远古的井田制，辅以严刑峻法也执行不下去，3年后不得不撤销。南唐时期土地兼并日趋激烈，李煜的对策也是恢复"井田制"，结果遭到强烈抵制，不仅改革以失败告终，他自己也很快成为北宋的俘虏。可是北宋王安石，在当时有孔子之誉，著书立说"必以尧、舜、三代为则"。[1] 土地兼并问题入宋后日趋严重。因为政策一方面不限个人土地占有额度，允许自由买卖，另一方面实行科举取士制，士大夫特权不能世袭，他们往往在退休之前就大量购置田产，成为一方豪强。赵恒后期，曾经诏令加以限制，但在众多既得利益者的反对下，未能贯彻执行。到赵祯时期更为严重，地主不到总户数的10%，却占有70%～80%的土地，史称"承平浸久，势官富姓，占田无限，兼并伪冒，习以成俗，重禁莫能止焉"[2]。王安石早在任地方官之时，就写了一首题为《兼并》的诗，追述兼并的产生和发展历史，揭露兼并造成的现实危害，斥责只知搜括民财而不知变革的"俗吏""俗儒"，但他的对策只不过是幻想恢复西周的井田制。

所幸王安石的思想没有停留于此，他后来在《寓言十五首》其三中，进一步探索这一问题：

> 婚丧孰不供，贷钱免尔萦。
> 耕收孰不给，倾粟助之生。
> 物赢我收之，物窘出使营。
> 后世不务此，区区挫兼并。

在这首诗当中，王安石具体考虑到政府应尽的责任，如果在百姓

---

[1] 晁说之：《晁氏客语》。
[2] 《宋史》卷173，食货志上，43册。

困难之时能借钱、贷谷,救一时之急,他们就不必卖田卖地。如果没有这类社会保障措施,空谈抑制兼并,不可能会有实效。这就是他后来力推"青苗法"改革的思想动因。后来,他仍然言必称三代,在那份著名的万言书当中虽然称"方今之失患在不法先王之政",但是强调"法其意",立足于今,务实得很。

法祖改革

复古式改革与法祖式改革有区别。法祖式改革有"成"的目标可守,只不过刻舟求剑而已。复古式改革的问题在于:"成"是抽象的。孔子和他的弟子们却固执地认为从夏、商传至西周的礼仪制度非常完美,根本不需要后人再动什么脑子,照搬照套即可。帝王在这方面倒是大都比较务实,像王莽那样依周礼画瓢的并不多。

(二)疫苗式改革

疫苗式改革,历史上说得不少,如高喊"均贫富,等贵贱"之类口号,说是要解决贫富贵贱问题,也没有哪个朝代真正实现。历史上像疫苗式改革的不多,如孝文中兴、景圣中兴等。

相对于前者而言,这类改革特点:在时代的前方确定一个目标,然后努力将现实改向那个目标。

这类改革,有的超越时空局限,影响几千年中国历史发展。

春秋战国时代,争雄夺霸,纷纷掀起变法运动。秦孝公感到危机,连忙发布求贤令,向国内外广招变法人才。卫国的商鞅被感动,毅然投奔,深得秦孝公赏识,主持开展变法运动。第一阶段实行《垦草令》,增加"连坐法",轻罪用重刑;废除旧世卿世禄制,按军功赏赐20等爵;奖励耕织,特别奖励垦荒,并限制商人,重征商税;焚烧儒家经典，禁止游宦之民；推行"小家庭制"，扩大赋税和兵役徭役来源。第二阶段主要内容：废除"井田制"，承认土地私有，允许自由买卖；推行郡县制，废除分封制；迁都咸阳，修建宫殿；统一度量衡，颁布标准器；编订户口，五家为伍，十家为什，按户按人口征收军赋；革除残留的戎狄风俗，禁止父子、兄弟同室。这一系列变法，使得秦国社会经济大发展，不仅很快摆脱危机，而且一跃成为"战国七雄"当中实力最强者，为后来统一天下奠定了坚实的基础。其中，度量衡、郡县制等制度文化影响至今。

三、彻底改革

疫苗式改革与基因式改革的主要区别，前者是专项治理，后者是综合治理。

综合改革，非从文化入手不可。文化改革是全面的、深化的、彻底的改革，是整个民族的进步，乃至促进人类的进步。成康之治、同治中兴大致属于这类型的改革。

只有基因式改革，文化创新，超越儒法，超越左右，超越中兴，才能避免中兴沦为回光返照的代名词，而成为民族伟大复兴的飞跃。

针对西方文化入侵，面对新形势下的新问题，当然要寻求新的对策。可以从传统文化当中去寻求启示，但如果幻想从古墓里挖出什么制胜利器那就荒谬了。复兴不是复辟，而应当是一种创新，一种进步！

历史上有一种"循吏"，指那类虽然没干什么坏事可也没干什么大好事的小官。《史记》创《循吏列传》，后为历代史家所承，成为记述州县级地方官中好官吏的固定体例。实际上，在高官大臣当中也大量存在"循官"，乾隆曾在一次会议上批评高官们说：

> 近来九卿大臣，朕实灼见其无作奸犯科之人，亦未闻有作奸犯科之事。然所谓公忠体国，克尽大臣之职者，则未可以易易数也……今尔等惟以循例办稿为供职，并无深谋远虑为国家根本之计，安所谓大臣者欤！如仅循例办稿已也，则一老吏能之。①

其实，也有众多"循帝"，例如乾隆自己。乾隆虽然也有一些小打小闹的改革，但更突出的一面是因循。"循吏"与"庸吏"有所不同，他们能干也想干些像模像样的正事，无奈受旧制所制约，又为"循帝"所制约。集权专制帝王不是权力大无边，无所不能吗？北魏创"三长制"，权力伸延到乡村，史称"以大督小，从近及远，如身之使手"。我觉得这描写非常生动，由此想象帝王就像人脑一样，一个意念圣旨下达，全国各地就可以像四肢样迅速而灵活地运作起来，所以从理论上说集权专制应该是非常有优势的。但实际上不是那么回事，帝王往往受制于体制和文化，不能随心所欲。好些帝王不能根据自己的意愿选择皇后、太子，明世宗朱厚熜甚至被那些儒臣强迫改称自己的生父为叔父、生母为叔母。如此可怜可悲，你想他们还能超凡脱俗、大刀阔斧干些什么？

所以，中华文明必须进行"稳转细胞株"式的改革，首先有文化的创新，才可能适应现代世界，真正实现民族的伟大复兴。

以上所说三层五种类型的改革，列简表如下：

---

① 《乾隆实录》卷162。

层次	属性	成效	类型	案例	特征
浅层	政策	止损	锯箭式	元和中兴	锯箭竿了事，不管肉体内的箭头，满足于解决表面症状，将病根留给别人去治
			止痛式	盘庚中兴	给服止痛片，或注射麻醉剂，满足于暂时解决病痛，不管事后洪水滔天
深层	制度	复苏	古方式	王莽改制	搬用远古或祖上特定条件下的成功经验，刻舟求剑，没有成功的案例
			疫苗式	昭宣中兴	将此病彻底治好，治断根，并努力让其他人不再患同一种病
彻底	文化	复兴	基因式	孝文中兴	全面的改革，整个民族的进步，乃至促进人类的进步

这三个层次并非强调由浅入深，按部就班。各层次的改革可以同时进行，深层次的改革必然包含浅层次的改革。有些改革浅尝辄止，虽救不了帝王一世，更救不了国家和民族，但总比没有好。不难想象远古的人类社会多么简单粗糙，正因为有了改革，一次改进一些，历经无数次，由量变引发质变，才有了美好千万倍的今天。

作为三层五种类型改革的小结，强调两个关键词——

综合

所谓"唐宋之变"可以有多种说法，最简单的说法就是由重武转型为重文。赵匡胤非常重视"以史为镜"，唐后期至五代那两三百年之乱都是藩镇军阀造成的，因此他实行"杯酒释兵权"的历史性大改革。如前所述，赵光义明确告诫大臣及后代子孙说：

> 国家若无外忧，必有内患。外忧不过边事，皆可预防。惟奸邪无状，若为内患，深可惧也。①

赵光义将此概括为"事为之防，曲为之制"②，作为"祖宗之法"代代相传。

此举一般说比较成功，因为两宋不仅都避免了像五代时期小王朝那样短命，而且在经济、文化方面开创了中华文明的高峰。然而，以更高的标准来看，大宋这一历史性改革也没能实现"长治久安"的理想。

"事为之防，曲为之制"，一般通俗地称为"以防弊之政，作立国之法"，几乎都没有真正实现"长治久安"目标的。到"十全老人"乾隆，他得意地自吹：

> 前代所以亡国者，曰强藩、曰外患、曰权臣、曰外戚、曰女谒、曰宦侍、曰奸臣、曰佞幸，今皆无一仿佛者。③

终于把历史上亡国之弊全都对照整改完美了，这下终于可以确保江山万万年了吧？

殊不知，这种"以防弊之政，作立国之法"改革治国，不客气地说就是"头痛医头，脚痛医脚"，缺乏综合性思维，根治不了问题。

何况疫苗也不是万能的。牛痘疫苗只能预防天花，而不可能包防百病。更何况病毒会不断变异，疗治之法根本跟不上其变异的速度。而乾

---

① 《资治通鉴长编》卷17。
② 《资治通鉴长编》卷2，"先皇帝创业垂二十年，事为之防，曲为之制，纪律已定，物有其常。谨当尊承，不敢逾越。"
③ 《清高宗实录》卷1112。

隆们却对新问题根本不屑一顾，而满足于古墓里的老药方，能够永远健康、长生不老那才怪呢！

从秦至清的2000多年间，大大小小的改革也蔚为大观，但都只不过小修小补。王安石、张居正也不过是李鸿章之类的"裱糊匠"，乾隆所谓"今皆无一仿佛者"多换了些壁板门窗，大厦那歪损的基梁并没有更新。要想彻底改变国运，非有综合性的大改革不可。

坚持

古今中外，没有哪一次改革一帆风顺，一蹴而就。秦始皇的郡县制并非横空出世，秦朝统一六国前400余年秦武公便开始试行，100余年前商鞅变法开始推广，晋国在春秋晚期首创，赵国也曾试行。英国17世纪资产阶级革命胜利后，19世纪30年代开始几十年间，相继又在政治、经济、军事、教育、卫生等各个领域进行了改革，史称"改革的时代"，经过了200来年的自我调整与完善。日本资产阶级近代化进程算是最快，但也历经一个多世纪。

我只是想强调：欲速不达。不必太急，不怕受挫，只要尽早华丽转身，坚持改革，不断向前推进就好。诚如马克·吐温所言："持续的改进，胜过延迟的完美。"